KIPLING

D0666841

Tu seras un homme, mon fils
suivi de
Lettres à son fils

Traduction de l'anglais, notes et postface par
Jean-Luc Fromental

Couverture de
Marion Bataille

ÉDITIONS MILLE ET UNE NUITS

KIPLING
n° 204

Texte intégral
Titre original : *If–*

Notre adresse Internet : www.1001nuits.com

Les lettres de John et Rudyard Kipling sont extraites du recueil
intitulé *O Beloved Kids, Rudyard Kipling's Letters to his Children,*
édité par Elliot L. Gilbert
et publié par Weidenfeld & Nicolson à Londres

Les dessins qui figurent dans les lettres sont de Rudyard Kipling.

Sommaire

KIPLING

Tu seras un homme, mon fils
suivi de
Lettres à son fils

If–

Tu seras un homme, mon fils

If–
('Brother Square-Toes' – *Rewards and Fairies*)

If you can keep your head when all about you
Are losing theirs and blaming it on you,
If you can trust yourself when all men doubt you.
But make allowance for their doubting too;
If you can wait and not be tired by waiting.
Or being lied about, don't deal in lies,
Or being hated, don't give way to hating,
And yet don't look too good, nor talk too wise :

If you can dream – and not make dreams your
[master
If you can think – and not make thoughts your aim
If you can meet with Triumph and Disaster
And treat those two impostors just the same;
If you can bear to hear the truth you've spoken
Twisted by knaves to make a trap for fools.
Or watch the things you gave your life to broken,
And stoop and build'em up with worn-out tools :

Tu seras un homme, mon fils
(« Brother Square-Toes » – *Rewards and Fairies*)

Si tu peux rester calme alors que, sur ta route,
Un chacun perd la tête, et met le blâme en toi ;
Si tu gardes confiance alors que chacun doute,
Mais sans leur en vouloir de leur manque de foi ;
Si l'attente, pour toi, ne cause trop grand-peine :
Si, entendant mentir, toi-même tu ne mens,
Ou si, étant haï, tu ignores la haine,
Sans avoir l'air trop bon, ni parler trop sagement ;

Si tu rêves, – sans faire des rêves ton pilastre ;
Si tu penses, – sans faire de penser toute leçon ;
Si tu sais rencontrer Triomphe ou bien Désastre,
Et traiter ces trompeurs de la même façon ;
Si tu peux supporter tes vérités bien nettes
Tordues par des coquins pour mieux duper les sots,
Ou voir tout ce qui fut ton but brisé en miettes,
Et te baisser, pour prendre et trier les morceaux ;

If you can make one heap of all your winnings
And risk it on one turn of pitch-and-toss,
And lose, and start again at your beginnings
And never breathe a word about your loss;
If you can force your heart and nerve and sinew
To serve your turn long after they are gone,
And so hold on when there is nothing in you
Except the Will which says to them : « Hold on ! »

If you can talk with crowds and keep your virtue,
Or walk with Kings – nor lose the common touch,
If neither foes nor loving friends can hurt you,
If all men count with you, but none too much;
If you can fill the unforgiving minute
With sixty seconds' worth of distance run.
Yours is the Earth and everything that's in it,
And – which is more – you'll be a Man, my son !

Si tu peux faire un tas de tous tes gains suprêmes
Et le risquer à pile ou face, – en un seul coup –
Et perdre – et repartir comme à tes débuts mêmes,
Sans murmurer un mot de ta perte au va-tout ;
Si tu forces ton cœur, tes nerfs, et ton jarret
À servir à tes fins malgré leur abandon,
Et que tu tiennes bon quand tout vient à l'arrêt,
Hormis la Volonté qui ordonne : « Tiens bon ! »

Si tu vas dans la foule sans orgueil à tout rompre,
Ou frayes avec les rois sans te croire un héros ;
Si l'ami ni l'ennemi ne peuvent te corrompre ;
Si tout homme, pour toi, compte, mais nul par trop ;
Si tu sais bien remplir chaque minute implacable
De soixante secondes de chemins accomplis,
À toi sera la Terre et son bien délectable,
Et, – bien mieux – tu seras un Homme, mon fils.

(Traduction de Jules Castier, 1949, D.R.)

La correspondance qui suit, échangée entre Rudyard Kipling et son fils John au cours de l'année 1915, est d'un ordre totalement privé et n'a jamais été destinée à la publication. Ce qui explique les fautes, erreurs de dates (que nous avons respectées), omissions de mots dues aux difficultés du décryptage qui émaillent certaines de ces lettres. Les mots ou passages entre crochets ont été restaurés par les éditeurs. Sous le ton viril et enjoué qu'utilisent le père et le fils – Rudyard appelant John « Cher vieux » (*Dear old man*), John appelant son père « Cher F–» (pour *Father*) et ses parents « Chers vieux » (*Dear old things*) – se noue le plus grand drame de la vie de l'écrivain. C'est à son instigation et grâce à ses relations que John, alors âgé de dix-sept ans, rejoint les Irish Guards en 1914, quelques jours après l'entrée en guerre de la Grande-Bretagne contre l'Allemagne. On assiste au fil des lettres à son entraînement puis à son départ pour le front français. Le jeune lieutenant Kipling sera porté disparu au combat le 27 septembre 1915, six semaines après son dix-huitième anniversaire.

Son corps ne sera jamais retrouvé.

JEAN-LUC FROMENTAL

Lettres à son fils

Bateman's [1],
Burwash,
Sussex.
(Sam. [20 fév. 1915]
(un infect matin humide
et brumeux – 8 h 30)

Cher vieux,
Les officiers en cantonnement viennent de partir
chercher leurs hommes à Burwash pour rallier East-
bourne *via* Dallington et Pevensey. Je crois qu'ils ne
sont plus ici. Ils sont arrivés hier soir vers 18 h 30
(heure à laquelle ils avaient demandé à dîner). Ils
étaient précédés d'un jeune officier des transports (du
nom de Preeston) qui nous a beaucoup fait penser à
toi. Trois ou quatre ordonnances ont apporté leurs
paquetages à Bateman's – je te laisse imaginer la joie
des femmes de chambre.
Ils étaient six au total – un capitaine Dryden affligé
d'un accent du Nord à couper au couteau ; un garçon
de Glasgow affublé d'un égal accent écossais ; un troisième de la même origine et les autres, divers et

curieux, mais tous intéressants – Dryden ; Cooper ; Brown ; Goodman ; Nicholson ; Andrews, c'est la liste complète. Ils avaient disposé des sentinelles et des avant-postes jusque chez Sutherland Harris et engagé le reste de leur compagnie dans l'excavation de tranchées autour du terrain de golf. Apparemment, le 10e bataillon de lanciers du Nord adore creuser des tranchées.

Nous leur avons offert un dîner décent – soupe à la tomate ; poisson ; mouton ; *mince pies* et pailles au fromage ; bière de gingembre et cigarettes à volonté. Ils ont naturellement parlé boutique toute la soirée. Trois d'entre eux avaient fait leurs classes dans les bataillons des *Public Schools* et étaient sortis du rang. Ils affirment qu'un homme ayant suivi cette voie dispose de gros atouts dans les Armées nouvelles. Selon eux, la faiblesse de la nouvelle structure tient à ses sous-officiers et ils m'ont raconté d'horribles histoires de sergents (de vingt et un ans) batifolant avec la troupe. Des hommes eux-mêmes, ils semblent avoir une piètre opinion. L'un de ces officiers était à Tidworth avec le 6e Lanciers – le bataillon d'Henry Longbottom avant qu'il ne rejoigne les R.F.C. Il prétend que le bataillon était un ramassis de tire-au-flanc et de racailles de premier ordre mais qu'il a fallu très peu de temps pour les mettre au pas. Quatre de nos officiers sont sortis à dix heures pour aller inspecter tranchées, avant-postes, etc. Ils étaient chargés de tout un barda de revolvers, jumelles, gourdes et que sais-je encore.

Le jeune officier des transports et un subalterne plus âgé sont restés bavarder avec moi. Certaines de leurs histoires t'auraient fait t'évanouir. Voici un problème que tu pourras soumettre à ton mess.

A., soldat dans un bataillon territorial, est cantonné chez des civils. De ce fait, il ne peut recevoir son courrier qu'à l'exercice. C'est là que lui parvient une lettre officielle l'informant qu'il a été promu lieutenant et doit se présenter à tel et tel endroit. Il en avertit son chef de peloton et lui demande ce qu'il doit faire. B., le chef de peloton, dit à A. : « Rompez et allez prévenir le capitaine. » A. rompt, salue et va prévenir C., le capitaine, de la teneur de la lettre du War Office. C. dit : « Qui vous a permis de quitter les rangs ? Retournez à l'exercice. » A. y retourne, assez énervé. D., le sergent-major, vient voir B., le chef de peloton, et lui demande au nom de quoi il s'est cru autorisé à donner la permission à un soldat de rompre les rangs pendant l'exercice pour aller conférer avec le capitaine de la compagnie. Avec une belle présence d'esprit, B. rétorque : « C'était pas un soldat, c'était un 'ieutenant ! » L'exercice fini, A. retourne voir C. pour lui reparler de la lettre du War Office et lui demander la permission d'aller en ville afin de rejoindre sa nouvelle affectation. « Non. Vous finirez la journée ici », lui répond C. A. se présente alors chez le commandant du bataillon qui lui donne la permission de partir sur-le-champ, ce qu'il fait. Sur le départ, il a le plaisir de croiser C. (mains dans les poches) et de l'interpeller comme un égal : « Dites donc. Quand j'ai rompu les

rangs ce matin à l'exercice, c'était en tant que lieutenant, non comme simple soldat. » Et C. de répliquer :
« Quoi qu'il en soit, vous auriez dû terminer l'exercice. » *Question.* Qui a raison dans cette affaire ? Si
A. est devenu lieutenant à l'instant où il a reçu la
lettre du War Office, il ne pouvait à l'évidence rester
dans les rangs à recevoir des ordres de caporaux et de
sergents. D'un autre côté, ma sympathie va entière-
ment au capitaine C. et, à sa place, j'aurais très certainement renvoyé ce lieutenant fraîchement émoulu
dans les rangs. Soumets la question à un supérieur et
vois ce qu'il te répondra.

Bref, à onze heures nos quatre officiers de service
sont rentrés. Ils étaient enchantés de leurs tranchées, etc., etc. Nous les avons pourvus en boissons et
sandwichs, après quoi ils sont allés se coucher. Un
dans la chambre tendue de basin ; deux dans la
grande chambre d'amis ; deux dans la chambre nord,
à l'étage, et le dernier dans l'ancienne chambre de
mon père. Ils ont été silencieux comme des souris.
Nous leur avons servi le petit déjeuner à 7 h 45 et
remis une collation pour la route avant de prendre
congé en nous exprimant notre plus vive estime
mutuelle. C'était un jour fort humide et j'en ai été
désolé pour eux. Mais il ne fait aucun doute que les
nouvelles armées travaillent d'arrache-pied et
commencent à se doter d'une sorte de discipline. On
dirait que de dures besognes t'attendent – creuser des
tranchées dans une tempête de neige n'a rien d'un
plaisir. J'aimerais que tu nous mettes un mot pour

nous avertir de ton prochain passage en ville. Il y a plus d'une semaine que nous nous sommes vus – ou ce sera le cas quand tu recevras cette lettre – et après le mois à l'hôtel Brown, j'ai l'impression qu'une semaine est une éternité.

À présent, je me tais et je donne cette lettre à poster.

Avec tout notre amour,

Affectueusement,

Ton père.

P.S. Mon nouveau stylo (un Waterman) est en parfait état de marche et je n'ai pas l'intention d'en utiliser un autre avant de l'avoir cassé.

R.K.

Bateman's,
Burwash,
Sussex.
Jeudi, 4 mars 1915
(humide, puant et doux)

Cher vieux,

Phipps[2] et moi avons feuilleté les catalogues (A & N et Harrod's) hier soir pour voir ce que nous pourrions trouver à la section des jeux qui soit à la fois raffiné (mais pas trop), paisible et sans rapport avec la guerre. Il y a une chose appelée Billard Nicholas, où l'on souffle sur la bille à l'aide d'une espèce de poire à lavement nickelée. Ce qui semble plutôt prometteur. Je n'ai rien vu d'autre qui pourrait convenir, mais Phipps dit que si nous allions nous-même farfouiller chez Harrod's nous dénicherions nécessairement quelque chose. Penses-tu qu'une petite table de billard (comme celle que nous avons ici, à Bateman) pourrait tenir dans un coin du vestibule ? C'est tout bonnement ridicule de leur part de n'autoriser aucun moyen de distraction.

Ce qui me rappelle pourquoi j'ai pris la plume. Sans doute mon esprit est-il aussi spongieux que mes entrailles ; ceci dû au fait que j'ai absorbé des sels d'Epsom hier soir – et à la joyeuse nuit et demie qui s'en est suivie. Toujours est-il que tandis que je gisais éveillé, à me débattre au milieu des « rapports contradictoires en provenance de divers canaux », j'ai passé en revue les faits et circonstances de ta présente existence – quel cadre terriblement et irrémédiablement sinistre est le tien, quelle vie humide et grise et bourbeuse tu mènes ; et j'ai éprouvé une immense fierté en pensant à la façon dont tu la supportes sans jamais geindre. J'ai donc pris la résolution de te l'écrire dès le lever du jour. Aussi jeune que j'aie été à mes débuts, aussi dur que fût mon travail dans un tel climat, je n'ai jamais eu à vivre absolument seul. Comme tu le sais, j'habitais chez mon père. Et c'était uniquement quand ma famille partait passer l'été dans les Collines et qu'on fermait la maison que je devais me réfugier quelques semaines au Club. Toi, tu as dû faire face à un certain inconfort (ce qui est inévitable) mais aussi à une solitude de l'esprit affreusement difficile à supporter, un sens de l'isolement qui, si je m'en souviens bien, peut presque susciter l'effroi chez un jeune homme. Et tu as enduré tout cela en homme blanc, en fils dont on peut être fier. Je n'en ai guère parlé, mais je l'ai remarqué, et je pense être en mesure de comprendre ce qui se passe dans ta tête. C'est une expérience que tu dois traverser seul (tout l'amour du monde ne saurait t'en dispenser) mais peut-être cela t'aidera-t-il de savoir qu'un autre homme a vécu le même genre d'épreuves (j'entends la solitude, *plus* les nouvelles de la mort d'un camarade, *plus* la crasse, *plus* le sentiment général que le monde est un endroit mauvais, ce qu'il n'est pas) et te respecte pour la façon dont tu en prends ta dose.

Mais je divague ! Mets-le au compte d'Epsom et de ses sels. Phipps a accroché un méchant tirage de ta photo dans sa chambre. Il est monté dans un cadre doré. À mon avis, elle a choisi le pire.

Toujours affectueusement,

Ton père.

Brown's Hotel
Mardi [16 mars 1915] 20 h.

Cher F – [3]

Juste un mot pour dire que je pars pour Dublin ce soir afin de ramener un groupe de trente-quatre recrues à Caterham.

Peux-tu imaginer à quoi va ressembler Dublin le jour de la Saint Patrick et l'état des recrues y débarquant ?

Je dois les faire défiler à travers la ville.

Je serai donc occupé jusqu'à jeudi soir.

Adieu donc, chers vieux, et souhaitez-moi bonne chance.

Le « front » offre-t-il pires perspectives que cette petite « fantaisie dublinoise » ?

« *Je pense que non.* » [4]

Affectueuesement vôtre,
John.

Shelbourne Hotel, Dublin
Mercredi [17 mars 1915]
2 h du matin

Cher F –

Me voici après un voyage des plus atroces, arrivé dans ce qu'on appelle « le meilleur hôtel d'Irlande » ; et il est réellement très confortable.

Mon groupe d'hommes sort de quatre quartiers de cavalerie. J'ai donc passé une matinée entière à parler à des adjudants-majors inconnus, à commander des repas, à régler des questions d'hébergement, etc. Aucune troupe ne peut être déplacée le jour de la Saint Patrick, nous partirons donc par le bateau de neuf heures jeudi soir.

Je passe la nuit ici, dans une chambre merveilleuse, mais sans la moindre jambe de pyjama pour me couvrir.

Seigneur, Dublin est un trou infect, taudis et puanteurs, mais les visages sont tous les mêmes, comme à Warley.

Ils ont de merveilleuses « voitures découvertes » et j'ai failli tomber de l'une d'elles ce matin.

Je pense me rendre au music-hall ce soir. Agréable moment en perspective.

La salle de rapport de l'adjudant-major du 12e Lanciers ressemblait à une bauge.

As-tu entendu parler du 12e Lanciers ? Je n'avais encore jamais rencontré personne de chez eux. J'ai dit à l'adjudant que si son groupe n'était pas prêt jeudi, il n'aurait qu'à accompagner ses hommes lui-même. Il s'est contenté de me regarder bouche bée, comme le vilain merlan frit auquel il ressemblait, odeurs rances et cendre de cigare.

C'est quelque chose, ces types de la cavalerie.

J'espère que ses hommes ne seront pas comme lui.

On ne m'a pas donné un seul sous-officier, mais je suppose que le W[ar] O[ffice] sait ce qu'il fait.

Ce sera agréable de revoir Caterham, bien que ce soit un trou infâme.

Affect.
John.

Bateman's,
Burwash,
Sussex.
18 mars 1915

Cher vieux,
Ta lettre du Shelbourne annule notre câble de ce
jour, dans lequel nous t'annoncions notre intention de
venir demain dans l'espoir de te voir. Une fois que tu
auras débarqué ta racaille à Caterham et refait la
route de Warley, tu auras eu tout ton saoul de voyages
pour la journée. Nous ne viendrons donc que samedi
et passerons la nuit au Brown's si cela te convient. Le
récit de tes aventures irlandaises semble valoir le
détour. Oui, l'Irlande est un endroit bien étrange et le
Shelbourne, qui joue à être un hôtel, ressemble au
reste du pays.
Elsie va mieux, mais dans la mesure où l'on peut
attraper deux fois cette stupide maladie, je crois qu'il
vaudrait mieux que tu ne viennes pas à Bateman's ce
week-end. Un officier avec la varicelle, c'est ridicule.
Nous admirons ta foi en Allah qui te permet de
t'aventurer « sans la moindre jambe de pyjama pour
te couvrir » alors que tous les magasins d'Irlande sont
fermés le jour de la Saint Patrick.
Le 12e Lanciers se classe lui-même une demi-lon-
gueur devant le Seigneur Tout-Puissant – ainsi que tu
l'as probablement découvert. Je présume que Cuth-
bert a compris qu'il avait affaire avec toi à un être aux
entrailles d'acier pour ce qui est des voyages mari-

times. Prie donc pour que la mer soit grosse. En l'absence de sous-officier (ce que j'appelle exiger beaucoup d'un homme), elle remplacera avantageusement les services d'un sergent.

Avec affection, fierté et *intense* curiosité,

Toujours à toi,

Papa.

Baterman's,
Burwash,
Sussex.
Mardi 23 mars 1915

Cher vieux,

Phipps s'est levée hier et plus ou moins habillée. Elle est a peu près « sans tache », à l'exception d'une ou deux grosses qui se voient encore. Nous lui avons raconté toutes nos aventures avec toi et elle en tirait la langue comme un basset, de chagrin, de rage, d'envie et autres émotions assorties.

Hier après-midi, Maman et moi sommes allés à St Leonards voir la vieille Mademoiselle[5] et Rider Haggard[6]. Mademoiselle séjourne dans une maison de convalescence après une mauvaise crise de bronchite. Entre autres choses, elle a travaillé comme interprète auprès des blessés belges d'un hôpital de Derby où *pas un seul des médecins* ne comprenait un mot de français. Elle nous a annoncé avec beaucoup de fierté que son nom avait été « mentionné dans les journaux ». Ta carrière l'intéresse au plus haut point. « Mais pourquoi, a-t-elle demandé, sert-il dans les Irish Guards ? » Je lui ai expliqué que le sang de notre famille était « prudemment mélangé » eu égard aux contingences internationales et qu'il y avait un peu d'Irlandais dans le lot. Elle s'est étonnée aussi de ce que tu sois dans l'armée. « En l'absence de tout désir impérieux, a-t-elle voulu savoir, pourquoi John est-il allé sous les drapeaux ? » « Précisément parce qu'il n'existait aucun désir impérieux », lui a répondu ta mère et au bout d'un moment, Mademoiselle s'est ralliée à cette idée. Elle t'envoie ses vœux les plus sincères mais ne pouvait s'empêcher de marmonner de loin en loin : « Et dire qu'il est dans l'armée. »

Le vieux Haggard était très drôle. Tu aurais explosé de joie en l'écoutant. Lui aussi se remet d'une bronchite et l'effet de ce mal consiste apparemment à lui faire dire « Quoi ? Hein ? » toutes les cinq secondes, plus fort qu'il ne l'a jamais fait. Il était en pleine forme et j'ai regretté que tu ne sois pas là pour l'entendre proférer ses « Par le diable – Quoi ? Hein ? » J'adore notre vieux Haggard. Il hait St Leonards. Il jure qu'on n'y rencontre personne en dessous de soixante-quinze ans et qui ne soit pas malade ce qui, au premier coup d'œil, m'est apparu assez vrai.

Voila ce que j'avais à te dire. Nous avons des places pour l'Empire (Elsie Janis) samedi soir. Au huitième rang, mais c'est le mieux que nous ayons pu trouver. Nous monterons vendredi, pour passer la nuit et le sa-

medi, et nous espérons être à Bath dimanche soir.
Note-le bien dans ce qui te sert d'esprit.

Je vais maintenant marcher jusqu'à la boîte aux
lettres et poster ceci. Quel beau dimanche nous avons
eu.

Toujours à toi,
Papa.

Bath Spa Hotel,
Bath.
30 mars 1915. 18 h.
(sous un soleil de plomb)

Cher vieux,
Voilà un endroit bien étrange – une sorte de
mélange de Madère, du sud de la France, avec des
bouts d'Italie et de Bournemouth, le tout jeté en vrac
dans une cuvette entre les collines et peuplé d'invalides et de soldats. La ville pullule de soldats. Le 10e
Devons a son quartier général dans l'une des rues les
plus chics, et les élégantes demeures d'autrefois
grouillent désormais d'hommes de troupe, de capotes
et de fusils. Une rencontre sportive inter-régiments
doit avoir lieu dans quelques jours. Ce qui explique le
spectacle auquel j'ai assisté ce matin : six 2eme classe
transpirant dans des caleçons nettement civils, mor-
dus aux talons par un long caporal, et que les cuisi-
niers d'un bataillon stationné dans l'un des parcs ne
se gênaient pas pour critiquer, négligemment accou-

dés aux rambardes. Je crois savoir qu'il y a aussi de l'artillerie en ville, mais je ne l'ai pas encore vue.

Ta mère a commencé son traitement, ce qui signifie bain chaud un jour, bain chaud et massage le lendemain et une sorte de massage à sec chaque soir à 21 heures. Une entreprise exténuante pour une si petite femme. Ce matin, Elsie et moi sommes allés à la salle des Pompes où les eaux chaudes de Bath sont dispensées par deux vierges à deux pence le verre. Un spectacle bien peu excitant à l'exception des invalides. Certains sont gros – gros comme des cochons ; d'autres toussent ; d'autres boitent et le reste ressemble à une troupe de lépreux. L'hôtel se targue d'héberger un vieux gentleman qui tricote des cachenez pour les soldats. Nous l'avons entendu annoncer fièrement : « C'est mon troisième. » Je suppose qu'il trouve cela apaisant pour les nerfs.

À propos de nerfs, je te dois deux shillings – car je vois dans les journaux que Wells s'est fait mettre KO – demi-crochet au menton. J'ignore s'il a ou non de l'estomac, mais ceci met certainement un point final à sa carrière pugilistique. As-tu vu, à ce sujet, que le bataillon du football annoncé à grands renforts de publicité n'a réussi à enrôler que quelques poignées d'hommes parmi les 1 800 professionnels en exercice. Quel jeu puant que le football.

Nous attendons la voiture pour vendredi matin, avec un nouveau chauffeur ; au cas où tu parviendrais à nous rejoindre samedi, nous pourrions nous offrir un petit tour dans la campagne. C'est un coin du monde ravissant. Consulte ton indicateur et vois quel train conviendrait. Il y en a un où l'on sert à déjeuner – très pratique – et un autre absolument parfait (que nous avons pris) qui part de Paddington à 16 h 15 et arrive ici à 18 h 06 sans un arrêt. Il y en a également de très bons entre les deux – dont un à 15 heures. Mais si tu rates celui du déjeuner, sache qu'on sert le thé à bord de celui de 16 h 15. L'Oncle Stan [7] a toujours aimé la bonne chère et sait nourrir ses passagers de la Great Western. Mais peut-être iras-tu à Bournemouth ou ailleurs.

Nous n'avons encore rencontré personne de notre connaissance, mais je pense que cela ne saurait tarder. Le secrétaire de mairie vient me rendre visite. Je me demande pourquoi. J'en retire l'impression d'être un déserteur ou un débiteur en faute. La nourriture ici est bonne et les chambres impeccablement propres et confortables. On se sent décemment hébergé.

Il y a une école primaire derrière l'hôtel – à flanc de colline – qui nous a émus presque aux larmes. Deux gamins jouaient au golf avec des bâtons. La partie s'est achevée en match de hockey et en empoignade – exactement ce qui se serait passé entre toi et moi il n'y a pas si longtemps.

Nous t'embrassons tous,

Toujours à toi,
Papa.

Bath Spa Hotel,
Bath.
7 avril 1915.

Cher vieux,

Belle journée après vent d'est et petite pluie ; soleil et nuages. Nous partons à l'instant faire un tour à Bradford-on-Avon, à neuf miles d'ici. Maman a passé une assez mauvaise nuit à cause de douleurs au bras et s'est réveillée fatiguée. Un bain et un massage toutes les vingt-quatre heures sont un lourd tribut à payer.

Il y a eu un bal – un grand bal – hier soir. La compagnie, telle que nous l'avons vue débarquer des automobiles, était quelque peu mélangée, l'amalgame habituel d'hommes de troupe, de sous-officiers et d'officiers. Nous n'avons pas pris part au spectacle. Comme dit Elsie : « Je ne peux pas faire la toupie avec toute la ligne de front. » Ils ont dansé tard dans la nuit et se sont répandus dans les couloirs de l'hôtel. J'en ai trouvé deux qui campaient devant notre porte, il en grouillait partout. Résultat, le petit déjeuner de ce matin a été plutôt incohérent. Notre petit serveur paraissait complètement égaré.

À propos, j'ai enfin réussi à dénicher quelques renseignements sur ton ami Le Mercier qui, est-il besoin de le préciser, s'était endimanché aux limites de la splendeur civile pour ce bal. Il s'appelle Hurlbut ou Hulbart, je ne suis sûr de rien. Son père qui était fabricant (terme commode !) est mort et l'homme âgé qui trône à la table de sa mère est son oncle de

Madras. Le docteur Milsom m'a dit que le garçon lui-même était « un mécanicien très habile » – ce qui doit signifier qu'il traficote les automobiles comme la plupart des jeunes gens. Il était impatient de servir – comme chauffeur, à ce que j'ai compris –, mais il souffre de « tuberculose bovine » et le docteur Milsom lui a délivré un certificat indiquant qu'il ne peut en aucun cas rejoindre le front. Il doit avoir entre dix-neuf et vingt ans, peut-être un peu plus. La « tuberculose bovine » est celle que l'on contracte en buvant le lait d'une vache tuberculeuse ou phtisique. Pas aussi grave que la véritable tuberculose, tu seras heureux de l'apprendre, mais provoquant une hypertrophie des glandes et des suppurations. Mal soignée, elle pourrait rendre le garçon très malade. Mais on ne peut nier que « tuberculose bovine » soit un terme prestigieux à inscrire sur un certificat d'inaptitude – sacrément plus convaincant qu'une pauvre « faiblesse glandulaire ». Je suppose que sa maman est pour quelque chose dans ce certificat.

J'ai lu dans les journaux, qui ne mentent pas j'espère, que ta Musique a joué avec un tel succès que deux cents (!!) authentiques Irlandais se sont présentés spontanément à la conscription en une journée à Dublin – « la plupart d'entre eux portant l'uniforme des Volontaires nationaux irlandais ». J'y vois quelque chose d'infiniment comique mais il semble bien que cette petite expédition irlandaise ait été payée de succès.

La véritable raison de cette lettre était de m'affliger avec toi des sinistres conséquences de la proclamation du roi au sujet des boissons orgées. J'apprends que les grenadiers s'interrogeraient sur la possibilité de bannir tout alcool de leurs festivités. Bien entendu, les Irlandais, habilement manipulés par leur colonel en chef et leur colonel, doivent déjà avoir fait serment de tempérance et je m'empresse de te présenter mes plus sincères condoléances. Les tenants de l'abstinence comme Jerry Madden [8] et la plupart de tes camarades officiers n'en seront pas affectés, mais pour un buveur de ton calibre je crains que le choc ne soit sévère. Rappelle-toi que le delirium tremens (qui consiste à voir des trèfles irlandais roses et des cochons irlandais verts courant autour des latrines) découle toujours d'un sevrage trop brutal. Tu dois donc essayer de diminuer progressivement ta consommation. Commence par supprimer le whisky-soda de onze heures ; puis le cocktail qui tient lieu de thé de cinq heures ; puis celui qui précède le petit déjeuner. Mais je t'en conjure, pas d'imprudences et si tu te mets à voir des perroquets bleus et jaunes assis dans la cheminée et devisant en gaélique, assure-toi qu'ils projettent une ombre. Si c'est le cas, tout va bien. Sinon, consulte Jerry. Vaste plaisanterie que tout cela. Préviens-moi dès que tu sauras ce que ton mess va faire.

À la minute où j'écris ceci arrive un mot de toi accompagné d'un chèque de quarante livres – ce dont je te remercie. Pour ne pas être en reste et éviter à ton compte de se sentir trop seul après ce retrait, je t'adresse un chèque de vingt livres qui, n'en doutons pas, trouvera son usage. J'ai été désolé d'apprendre que tu t'étais traîné pour rentrer « à la maison » (joli mot) à des heures aussi tardives. Ces trains imbéciles n'ont-ils donc pas de correspondances ?

Tendresses de nous tous et particulièrement de Maman. En voiture.

À toi.
Papa.

Bath Spa Hotel,
Bath.
19 avr. 1915.

Je rentre de la ville et je trouve ceci pour toi – du W[ar] O[ffice], que je te réexpédie immédiatement.

J'espère que tu vas sortir des marches d'entraînement pour aller sur le terrain. C'était un bon week-end et je t'aime beaucoup, mais j'aimerais sincèrement que tu cesses de me voler mes gants aussi vite que je les achète. Dans l'instant qui a suivi ton départ, la gare s'est transformée en festival de pantomime. Je n'avais jamais vu un tel spectacle. J'ai erré pendant un petit quart d'heure au milieu d'une foule rugissante, bon enfant et légèrement incohérente. J'ai pris l'autobus pour rentrer à la maison, à côté d'un soldat brumeux qui voulait aller à Waterloo Station. Le receveur lui a répondu que l'autobus s'arrêtait à Waterloo Bridge. De là, il lui suffirait de traverser à pied ou de prendre un autre bus pour passer le pont. Et le soldat, sur un ton confidentiel : « Et voilà ! Je suis un étranger ici. J'ai déjà raté un train…. Regardez-moi. Ai-je l'air de pouvoir traverser un pont ? Je suis un total étranger et je rate tous les trains. Je ne trouverai pas Waterloo ce soir. Et voilà ! » Le receveur l'a regardé, lui a tapoté affectueusement l'épaule et lui a dit : « Très bien. Je vous préviendrai quand il faudra descendre. » Arrivé à Waterloo Bridge, le soldat est descendu, longue, maigre et molle volute – une serpillière kaki – dont j'aimerais pouvoir rendre l'exacte courbure. J'ai fini le trajet à côté d'une soubrette qui avait oint ses cheveux d'essences et d'onguents – citron-verveine, quel choix. J'ai failli vomir.

Dans le train qui me ramenait ici, j'ai rencontré deux officiers du bataillon d'entraînement des écoles de droit sur le point de prendre leur premier vrai commandement dans la cavalerie à Chippenham. Seigneur, qu'ils étaient mal dégrossis.

R.K.

Dimanche
Warley Barracks
Brentwood
30 mai 1915

Cher F–
Beaucoup à faire ici, d'autant que nous manquons fortement d'officiers – il n'y en a qu'une dizaine – ce qui implique trois fois plus de travail qu'auparavant.

Nous avons eu dix-huit pertes en une journée là-bas et quinze officiers ont été expédiés pendant que j'étais malade – c'est bien ma veine. On m'a prévenu de me tenir prêt à partir dans les cinq minutes suivant l'ordre, il n'y en a donc plus pour très longtemps.

J'ai fini de rassembler mon paquetage et j'attends. Hamsworth a été rappelé. Je suppose que nous partirons ensemble, lui, « Ringo » et moi. Pour me rattraper de la fois d'avant, j'ai fait « la nouba » hier soir.

Dîner au Princes, ensuite Alhambra et Empire, puis souper au Savoy, puis Murays et deux autres cabarets de moindre réputation.

J'ai quitté la ville dans la Singer à 3 h 10 du matin pour arriver ici sept minutes avant 4 heures (43 minutes) ; ce qui s'appelle « tailler la route ». Je n'ai croisé que deux taxis et une charrette en chemin et, le jour étant levé, j'ai pu rouler à tombeau ouvert.

C'est certainement une sacrée guerre et il semble que les Allemands trouvent la cadence, tandis que nos « veilleurs incessants » [9] laissent couler leurs navires un peu partout.

Enfin, ce n'est plus qu'une question de jours pour que je sois « là-bas ».

Je câblerai dès que je recevrai mes ordres et vous verrai en ville si vous pouvez venir à réception du télégramme. « Tenez-vous prêts », comme nous disons à la Brigade.

A bientôt, chers vieux.

Tendrement,
John

5 juillet 1915
« Quelque part à Brentwood »

Cher vieux F–

À peine rentré d'une marche de quinze miles. Parlez-moi de la chaleur !

J'ai commandé ma compagnie et marché en tête avec Kerry. Il m'a annoncé catégoriquement que je serai le premier lieutenant à partir pour la France après le 17 août [10] et que même à cette date j'aurais été trop jeune s'il n'y avait eu mon année de service dans la Brigade.

Avoir devancé l'appel se révèle en fin de compte une rudement bonne initiative.

C'est bien d'être prévenu un mois à l'avance, cela va me permettre de régler tous les détails.

Je vais aller en ville, m'occuper de vendre l'auto.

Je finirai de m'équiper avec l'argent que me rapportera la Singer et vous confierai le reste.

Je peux vous dire, bien qu'en réalité la loi sur les secrets d'État me l'interdise, que la grande offensive alliée ne commencera qu'après le 17 août.

Je me sens si remonté que la fatigue de la marche ne m'affecte pas le moins du monde.

Amitiés à Jerry [11].

À bientôt, chers vieux,

Votre John

PS : j'essaierai de venir la semaine prochaine à Bateman's.

Bateman's,
Burwash,
Sussex.
6 juillet 1915.
(8 h 30 et f... chaleur)

Cher vieux,

Je reçois à l'instant ta lettre d'hier. Nous avons dû aller quelques heures en ville et nous n'avons cessé de te plaindre tout le long du chemin à cause de l'effroyable chaleur. Vesey a été trop bon de limiter votre petite excursion à seulement quinze miles. « Mords-le, Nipper ! »

Il est réconfortant d'être prévenu à l'avance de ton départ. Cependant, Kerry se trompe sur un point. Ce n'est pas d'avoir passé un an à la Brigade qui a fait de toi ce que tu es. C'est de t'être engagé avec un but précis et d'avoir consacré tous tes efforts à devenir un bon officier. (Je tiens d'une autre source que tu serais considéré comme « sacrément doué ».) Beaucoup, nous le savons, ont suivi le même chemin et n'ont réussi à donner d'eux-mêmes qu'un spectacle désolant. Tu as traversé sans un gémissement ce dur hiver, accepté chacune des responsabilités qui t'incombaient, tout mis en œuvre pour connaître et comprendre à la fois tes hommes et ton métier. Nous sommes tous les deux plus fiers de toi que les mots ne peuvent l'exprimer.

Parlons des dispositions à prendre. Ne te préoccupe pas de vendre la Singer. Rapporte-la aux fabricants et demande-leur de la réparer. Je t'en donnerai cent livres en l'état (tu m'as dit que c'était à peu près ce qu'elle valait). Si tu as besoin de l'argent, je le verserai sur ton compte. Sinon, je le garderai en prévision de l'achat d'une nouvelle voiture à ton retour. Bien sûr, je réglerai les frais de réparation de la Singer.

Nous serons en ville jeudi avant midi et devrons rentrer le soir ; si tu peux venir pour le déjeuner, le thé ou le dîner, tant mieux. J'espère aussi que tu pourras te libérer pour être à Bateman's ce week-end. Il circule ici de sérieuses rumeurs de fraises. Mais surtout, mon vieux, veille à rester en forme, de façon à pouvoir partir avec ton content de sommeil et de forces. J'espère que tu as ton fusil et que tu es équipé d'une boussole de premier ordre.

Tendresse et fierté de notre part à tous, mon vétéran.

À toi
Papa.

The Bath Club,
34, Dover Street, W.
Jeudi, 16 h.
[29 juillet, 5 août ou 12 août 1915]

Cher vieux F –
Très lourde semaine. Nous avons marché dix neuf miles lundi. La chaleur était telle que les hommes tombaient comme des mouches. Nous sommes partis à 7 h 30 du matin et je ne suis rentré qu'à 4 h 20 l'après-midi, car il m'a fallu ramener tous ceux qui avaient calé sur les trois derniers miles.

Ils étaient une soixantaine. J'ai récupéré toute l'eau que je pouvais trouver pour leur laver le visage et les faire boire. Certains sont parvenus à se remettre en route, mais d'autres allaient trop mal pour être bougés.

La plupart avaient des crampes à l'estomac et j'ai dû les masser pendant que quelqu'un s'asseyait sur leurs jambes. Ils se tortillaient comme des lapins blessés ; c'était l'enfer.

J'ai fait venir toutes sortes de véhicules, de la brouette au Peugeot 30-40, pour les ramener.

Il n'y avait pas de place dans les véhicules pour les fusils, etc. J'ai donc dû rapporter moi-même un fusil et les paquetages de deux hommes. J'étais épuisé. Ce matin, j'ai assisté à un service funèbre à St Paul et ce soir à 21 heures nous entreprenons une marche de nuit de vingt miles. Nous devrions rentrer vers six heures demain matin.

À bientôt, John

Southampton
Lundi [16 août 1915] 11 h.

Chers vieux,
Nous venons d'arriver ici après un voyage infect.
Nous avons quitté Brentwood à sept heures du matin.

Les hommes se comportent merveilleusement et le temps est parfait ; nous sommes le premier train arrivé et nous attendons les deux autres. Nous devrions traverser ce soir vers 18 heures et débarquer là-bas aux alentours de trois heures mardi matin. Je crois que nous passerons une nuit au Havre avant de rejoindre directement Saint Omer[12].

Veuillez envoyer dès aujourd'hui le premier colis. 2e Btln I. Ggds Div. B.E.F. [*British Expeditionary Forces*]

Excusez le crayon et les taches.

Affection, votre
John

Quelque part en France
Mardi
« *17 août* » [1915]

Même loin de Bateman's, c'est un bel anniversaire.

Chers vieux,
Vous constaterez ci-dessus que nous sommes arri-

vés en France. Bonne traversée, pas plus de sept heures.

Manque de chance, j'ai été désigné comme officier de faction et j'ai dû passer la nuit à visiter tous les coins du navire, à poster et inspecter les sentinelles en vigie contre les sous-marins ou de garde auprès des canots de sauvetage.

Nous avons accosté vers une heure du matin et il m'a fallu continuer à arpenter le bord jusqu'à 4 h 30, heure du petit déjeuner.

Nous avons débarqué à six heures.

Un destroyer nous a escorté toute la nuit, à environ un quart de mile sur notre bord gauche.

Nous allons passer la nuit sous la tente avant de partir à l'aube demain pour un trajet en train de trente heures.

As-tu déjà des nouvelles de la Singer ? Écris-moi pour me le dire. La journée est absolument délicieuse, chaude et embaumée. N'ayant dormi que 4 heures au cours des dernières quarante-huit heures, je vais rentrer me coucher.

Je réécrirai très prochainement,

Votre
John

Envoyez-moi svp une paire de chaussons larges
deux serviettes taille essuie-main mais solides
deux paires de chaussettes civiles noires
une paire de bretelles de la Brigade
C'est ça la vie.

Verdun.
17 août [1915] 9 h. du matin

Cher vieux,

Un mot de bienvenue et de bénédiction si tu es en France comme je suppose que c'est le cas. Si tu as été l'un des officiers en charge du débarquement, la bénédiction te paraîtra sans doute mal venue.

J'ai passé un assez bon moment. Visité plusieurs endroits plaisants dont une ville bombardée ; entrevu l'armée du prince héritier dans l'Argonne ; vu Reims (qu'ils ne bombardaient pas à ce moment) et ai pu admirer l'artillerie française. Les hommes que j'ai vus dans les tranchées étaient surtout des Saxons et ne cherchaient pas la bagarre même quand les Français les provoquaient.

Je me trouve à présent dans cet endroit étrange – projecteurs dans la nuit. Je pars demain matin voir votre colonel [Kitchener] passer des troupes en revue. Curieux, n'est-ce pas ? Mais vrai. L'affaire se tient à bonne distance d'ici mais nous voyageons *en automobile* [13] (Limousine Renault 20-30 pour Landon[14] et moi – Mercs 60 pour les bagages) et nous tapons un bon 60 kilomètres/heure.

Je vis des heures passionnantes et espère revenir à Paris vers la fin de la semaine. Si tu peux me mettre un mot à l'Hôtel Brighton, 218 rue de Rivoli, je t'en serai reconnaissant.

Affections.
Ton Papy.

Je suis extrêmement heureux que *ton* inspection ait été un succès. Je me demande ce que K. va penser du lot qu'il inspecte aujourd'hui.

Mercredi 18 [août 1915]
20 h.

Chers vieux,

Je vous écris ceci dans un train roulant vers le Front à 20 kilomètres/heure (sa vitesse maximale). Bref...

Nous avons quitté le camp à midi.

À sept heures du matin il y a eu une parade pour tout le bataillon, présentation des armes et exercice.

Puis marche jusqu'à la gare, quatre miles de pavé en pente, dans la chaleur la plus suffocante que j'ai jamais connue.

Étant donné le poids de mon paquetage, j'ai rudement transpiré.

Il a fallu trois heures pour embarquer dans le train.

Les méthodes de transport qu'ils ont ici sont des plus rudimentaires...

Ils ont fait monter tout le bataillon – 73 chevaux, 50 véhicules, 1100 hommes – dans un seul train ! Avec une seule locomotive pour tracter le tout (elle halète durement à l'instant où j'écris).

Il y a [140] hommes par fourgon à bestiaux. Les fourgons français sont un peu plus petits que les nôtres. Les hommes sont serrés comme des mouches. Ceux qui ne peuvent se tenir debout sont assis sur les marche-pieds. Nous disposons de trois compartiments de deuxième classe pour 26 officiers, vous pouvez imaginer le tableau. Mais c'est très amusant d'être assis ici, pieds nus à la fenêtre, chantant et fumant.

À chaque arrêt (environ toutes les quinze minutes), les hommes descendent et dansent sur les rails ou les quais au son des mélodions. Les Français n'y comprennent rien, ils nous croient fous. C'est un spectacle amusant de se pencher pour regarder le train quand il roule « à sa vitesse maximum », les hommes fumant assis sur les marchepieds, les 50 wagons (15 pour les chevaux) et la musique des mélodions.

Sur le quai du départ, il y avait un petit stand à café tenu par trois dames anglaises – toutes splendides.

Sans regimber le moins du monde, elles remplissaient de thé et de café les quarts des hommes, leur donnaient de grandes tartines de pain beurré.

Je tire mon […] à ces femmes, elle étaient merveilleuses (et très jolies.)

Nous venons de dîner. Pain, sardines, confiture, whisky à l'eau. Première classe !!

Nous devons arriver à destination à 11 heures demain.

C'est une drôle d'impression d'aller chercher de l'eau chaude à la locomotive pour se laver.

Je joins une coupure de presse concernant papa. Je suis ses déplacements dans le journal.

Pouvez-vous m'envoyer une lampe de service *Ori-*

lux pour les officiers. C'est une lampe de baudrier gainée de cuir.

On la trouve chez Stewarts Strand.

Merci de m'en expédier une avec sa recharge.

À bientôt, chers vieux.

Je reprendrai la plume quand le train sera arrêté.

Vous aurez les plus grandes peines du monde à déchiffrer ceci.

> Votre
> John

Quelque part en France
Vendredi 20 août [1915]

Cher F –

Nous voici cantonnés dans un spendide petit village niché dans les collines à environ 20 miles de la ligne de front. C'est un merveilleux endroit – un village français typique à peu près de la taille de Burwash Wield.

J'ai la grande chance d'être logé chez le maire, qui est aussi le maître d'école. Confort absolu, un lit de plumes avec des draps et un petit salon que nous nous partageons à trois, le tout d'une propreté irréprochable. Le maire est un vieux bonhomme épatant, incapable de parler un seul mot d'anglais, mais d'une gentillesse et d'une drôlerie à toute épreuve. Il a une fille ravissante – Marcelle – qui est très gentille et avec qui nous nous entendons très bien.

La vieille dame est de première classe aussi et ils sont prêts à tout pour rendre service.

Le seul inconvénient, c'est qu'il y a très peu à manger et que le peu qu'il y a est très mauvais. Tous les autres régiments ont pillé l'endroit et il est impossible de se procurer la moindre cigarette. Nos repas au mess sont constitués principalement de corned-beef et de confiture.

Je ne peux évidemment pas vous dire où se trouve cet endroit, mais il est très proche du point où j'avais supposé qu'on nous enverrait.

Ce pays est magnifique avec toutes les [moissons] encore à faire.

Nous n'avons reçu aucun courrier depuis que nous sommes partis, mais nous espérons en avoir demain soir.

Les estafettes à moto abondent par ici, roulant à des vitesses effrayantes, et les gros camions foncent « pied au plancher ».

Les Français d'ici sont les plus sales que j'ai jamais vus. L'idée qu'ils se font d'un hôtel est tout bonnement indicible !! Ceux de nos hommes qui parlent français sont à hurler de rire, mais ils parviennent à très bien s'entendre avec les filles françaises.

Nous devons censurer toutes les lettres du peloton et nous tombons sur des choses très drôles et d'autres franchement pathétiques.

Les hommes tiennent remarquablement bien, si l'on considère le fait qu'il n'ont pas eu un seul vrai repas depuis qu'ils ont quitté l'Angleterre.

L'idée, à mon avis, est que nous restions ici une quinzaine avant de monter vers les tranchées mais personne ne peut savoir ce qui va se passer d'un moment sur l'autre.

Envoyez-moi s'il vous plaît
un de mes pyjamas ordinaires
cette brosse à cheveux dure de Papa.

Grayson a trouvé une fille française qui ressemble à [Gaby] au physique autant qu'au moral. Il est donc très heureux.

Vous pouvez m'envoyer l'un de ces blocs de papier à lettres avec enveloppes incluses.

Passez mon bon souvenir à Jerry.

Tendresses pour vous.

John

Envoyez-moi mes bandes molletières, qui se trouvaient dans les affaires que j'ai renvoyées et si elles n'y sont pas merci d'en acheter d'autres et de me les expédier.

À bientôt
JK

NB : Ils font confiance aux officiers pour ne pas révéler les noms des lieux et des régiments et n'ouvrent pas nos lettres.

Hôtel Brighton,
218, rue de Rivoli, Paris
Mardi 22 août 1915. 21 h 30.

N° 316. Juste en face de ton ancienne suite
N° 311 avec la salle de bains que tu avais
lors de ton dernier séjour ici.

Cher vieux,
Rentrant de Troyes, j'ai trouvé un paquet de lettres
de Maman avec des copies de deux des tiennes expé-
diées de Southampton et du Havre. Quel sale moment
tu as dû vivre à traquer les factionnaires sur ce navire.
Souffraient-ils du mal de mer ? J'ai adressé deux ou
trois lettres directement au camp du Havre et j'espère
que tu les as reçues. Dans l'une, je décrivais la revue
du jour de ton anniversaire – Kitchener et le IVe corps
d'armée français – un spectacle splendide ; et dans
l'autre, ma tournée dans les tranchées d'Alsace.
J'espère que tu ne t'approcheras jamais davantage
du Boche que je ne l'ai fait. La chose la plus étrange
était de regarder le sous-officier gesticuler pour nous
intimer au colonel et à moi l'ordre de ne pas faire de
bruit – et d'entendre une mitrailleuse dans l'expectative
lâcher cinq ou six balles au hasard puis se taire, aurait-
on dit, pour écouter. Je préfère de loin les tranchées à
un trajet en auto sur dix ou douze miles de route sus-
ceptibles de tomber sous le feu des artilleurs boches – la
route en question n'étant protégée, aux pires endroits,
que par de maigres haies de pins morts. Je déteste aussi

me trouver dans une ville aux rues pavées prise sous un bombardement. C'est néanmoins une vie exaltante qui ne laisse pas une minute à l'ennui. L'acide borique dans mes chaussettes m'a été d'un grand secours. J'ai pu marcher deux heures dans les tranchées.

Je dois rencontrer Joffre demain. Il a demandé à me voir ! Cache ton dépit ! Non. Je n'ai pas porté une seule fois mon uniforme kaki. J'avais dans l'idée que j'allais être trop photographié (et je l'ai été) pour me montrer autrement qu'en tenue civile. J'ai donc mis mon costume bleu et mon chapeau mou. Tu apercevras probablement quelques cruelles photos de moi. J'ai également vu un groupe de 50 prisonniers boches – des mendiants affreux à regarder – et une mitrailleuse prise à l'ennemi. La nouvelle idée est d'investir autant de forces qu'il se peut dans vos casemates, où se trouvent canons et mitrailleuses, et de tenir les tranchées le plus légèrement possible.

N'oublie pas la beauté de la couverture en grillage à lapins pour arrêter les grenades. Même un filet de tennis vaudrait mieux que rien.

Eh bien bonsoir, mon très cher fils. J'aimerais que tu sois là pour un bon dîner et une causette. Je retourne un jour ou deux à Bateman's, mais je pense qu'il ne faudra pas longtemps pour je revienne sur les lignes anglaises. C'est une vie à laquelle on prend goût. Bonne chance.

Papy.

Excuse ce stylo baveux ; mais tu connais les Français.

France
Dimanche 22 août 1915

Chers vieux,

J'ai reçu votre splendide colis ce matin et je ne trouve pas assez de mots pour vous en remercier. Vous ne pouvez pas savoir à quel point il est épatant de recevoir des colis et des lettres de chez soi ; nous attendons le courrier jour après jour. Les cigarettes, le tabac, le chocolat, les chemises propres, les chaussettes, etc, étaient plus que bienvenus. Le tout si bien emballé. En fait c'est l'un des deux seuls colis qui ne soient pas arrivés crevés.

J'espère que notre système postal va s'arranger sous peu, car jusque-là il a été très incertain.

Nous sommes dimanche et c'est un bien triste spectacle que de voir toutes les filles et les femmes vêtues de noir, se rendant à « *la messe* » [15].

La moisson ici semble avoir battu des records et elle a été faite et engrangée par les vieilles femmes et les filles toutes seules.

Une vieille personne est capable de faucher deux acres de terrain à la faucille.

Ils travaillent tous comme des bœufs car il leur faut à tout prix rentrer cette récolte.

La meilleure depuis 1906, à ce que m'a soufflé une vieille âme.

Il est difficile d'imaginer que la guerre est si proche ; s'il n'y avait l'occasionnel tonnerre des canons, on pourrait se croire en Angleterre. Je dois siéger à ma première cour martiale demain, étant le seul officier subalterne avec un an de service. Elle se tient à vingt miles d'ici dans une ville où stationne un régiment de gardes qui ne portent pas le cimier en peau d'ours. Je ne sais pas comment je vais me rendre là-bas, sans doute à l'arrière d'un vieux camion de l'ASC.

Je n'ai encore rien reçu de Papa ; je suppose qu'il est extrêmement difficile de faire passer une lettre d'une ligne à l'autre.

Pouvez-vous me dire où est Landon ? Je pourrais lui demander de vous rapporter une lettre bien plus intéressante que celles-ci.

Allez, au revoir chers vieux.

Amitiés à Jerry,
Toujours votre
John

Et encore merci pour le colis et les lettres

JK

N'oubliez pas d'indiquer B.E.F. en toutes lettres quand vous écrivez, etc.

JK

Hôtel Brighton
218, rue de Rivoli,
Paris
Lundi 23 août 1915.
21 h (une f… nuit de canicule)

Cher vieux,

J'attends à Paris que Joffre se décide à me faire chercher. Le Grand Quartier Général (français) n'est pas à plus d'une heure (en voiture) d'ici mais comme personne ne peut téléphoner ni ne doit télégraphier, il est un peu difficile d'établir le contact avec l'État-major. Et mes ordres étaient de me manifester. Les États-majors sont tous les mêmes dans le monde entier.

Il y a terriblement peu d'officiers britanniques à Paris ces temps-ci. M. Landon et moi avons dîné au Café de Paris (qui est censé être l'endroit chic) et n'en avons vu que quatre. Notamment le jeune Rodman (n'est-il pas de la Brigade ?) et sa mère. Il y avait aussi un général bien replet.

Je suis jusqu'au cou dans les lettres et autres corvées, mais j'espère pouvoir partir d'ici après-après-demain. Ensuite, après un temps, je pourrais tenter de revenir sur les lignes anglaises. Je me suis formé une assez haute opinion de l'infanterie française et si nos tranchées sont mieux que les leurs, nous méritons des médailles en or. Bien sûr, en terrain vallonné, il est plus facile de les drainer. Leurs latrines (que j'ai eu soin de visiter) sont de premier ordre. Une énorme quantité de chaux vive ou de chlore et *pas* de mouches. Ils enterrent leurs morts un peu à l'écart des tranchées arrière quand ils le peuvent et plantent d'avoine la terre qui les recouvre. Leurs « canons-revolvers » (ou *pom-poms*) d'un pouce sont superbement disposés et leurs mortiers de tranchée ne pèsent que 120 livres. Du moins c'est ce qu'ils m'ont dit. Il tirent de grosses « torpilles » munies d'ailerons de fer blanc pour stabiliser leur vol. Ils affirment que le Boche n'aime pas la baïonnette, mais (au moins trois généraux me l'ont dit lors d'entretiens séparés) tous s'accordent à lui reconnaître de remarquables talents d'observateur et d'imitateur. Si vous changez votre plan d'attaque ou de défense, ils y réfléchissent un jour ou deux en silence puis produisent leur contre-mesures. *Quand ils se taisent, c'est qu'ils pensent.* Ils détestent les casemates, car eux-mêmes en utilisent. Ils n'ont rien contre les tranchées, à moins qu'elles ne soient bombardées, ce qui signifie que leur but est d'établir un ascendant moral en pratiquant l'escalade dans les bombardements. Leur aviation s'améliore – plus d'appareils et des pilotes mieux entraînés, mais la qualité de leurs troupes s'amenuise. Les interprètes français qui s'occupent des prisonniers me disent que la meilleure chose à faire pour obtenir des informations est d'interroger d'abord le soldat, puis le sous-officier et enfin l'officier. Colligez les trois réponses et croyez le soldat avant l'officier. Il y a pénurie de nourriture au pays même si les journaux allemands le nient. Il suffit d'examiner la correspondance des prisonniers pour s'en rendre compte. Toujours saisir leur courrier.

Excuse-moi de discourir ainsi, mais certaines de ces choses pourraient t'être utiles. Informe ton commandant ou quiconque te paraîtra approprié de ce que je t'ai écrit.

Dois-je te répéter, mon très cher vieux, à quel point je t'aime ou à quel point je suis fier de toi ?

Papy

N'oublie pas le grillage à lapins, et un homme équipé d'un sifflet pour signaler la descente des premières *minen werfer* (mortier).

Hôtel Brighton
218, rue de Rivoli
Paris.
Mardi 24 août 1915. 9 h 40.

Cher vieux,
Le courrier de ce matin m'apporte une copie de ta lettre (je pense que c'est Jerry qui l'a retapée) décrivant ton voyage en train au son des mélodions. Ne t'avance pas trop sur ces Français qui vous croient fous. Ils y sont habitués à présent, et quand leur propres troupes voyagent (quelle encre infecte !) c'est en général l'occasion de véritables kermesses. Il m'est arrivé de devoir me laver à l'eau de locomotive en Afrique du Sud. Il y a un robinet près du cylindre qui

en distribue mais si on l'utlise trop fréquemment le chauffeur commence à grogner.

Il est étrange que tu suives mes mouvements à travers la France. Je suis retenu à Paris car Joffre veut me voir et j'attends les ordres de son Quartier général. Il n'y a aucun moyen pour un « pékin » (pardon, un « fichu civil ») de se rendre à ses quartiers sans une myriade d'autorisations etc., etc. – me voici donc au bon vieux Brighton à essayer de m'avancer dans le récit de mon voyage.

Je pense que même toi, tu aurais eu ton content d'automobile si tu m'avais accompagné. Nous avons terminé par une petite pointe de 400 kilomètres, de l'Alsace à Troyes – à jamais moins de 50 kilomètres/heure et plus généralement à 70. Notre voiture d'escorte, la Mercedes, était pilotée par le diable du Connecticut en personne. C'est un Français qui a fait de la compétition automobile et dirigeait une écurie de six voitures. Je n'ai jamais vu conduite pareille. Lorsque notre lourde limousine a calé à flanc de colline, nous sommes montés dans sa Terreur et – Dieu du ciel, nous avons frôlé cent fois le bord du précipice mais il nous a hissés en un éclair au sommet de la colline et a paru plutôt déçu qu'on ne l'autorise pas à pousser jusqu'à la crête, où les Boches auraient eu un franc mile pour nous tirer dessus.

Bon, c'était le mot du jour à mon fils. Si J[offre] me reçoit aujourd'hui, je rentrerai demain à Bateman's. Je dois à présent me rendre au consulat britannique et à la préfecture de police avec mon passeport pour obtenir la permission de quitter la France. Je te le dis, ils surveillent de près le civil en vadrouille par ici. C'est nécessaire : Paris reste un nid d'espions.

T'ai-je raconté qu'un soldat à Troyes (il savait tout de « mes bouquins ») s'est présenté à moi et, quand je lui ai dit mon nom, a proféré un long et amical « Ah-haa. God-dam » ? C'était la première fois que j'entendais ce juron comme une sorte d'expression de l'*entente cordiale* ; j'en ai eu le souffle coupé un instant.

Je me demande bien où tu vas être envoyé. Si c'est en dehors de notre front actuel – en direction de l'Argonne ou par-là, à l'ouest de Soissons (ce qui est possible), je pense que tu trouveras utile de citer mon nom aux Français de loin en loin. Ce n'est pas pour faire de l'esbroufe, mais ils semblent tous me connaître.

Affections. Je vais prendre un taxi français. Ils marchent au mélange d'essence et de pipi. Du moins c'est ce qu'ils sentent.

Papy.

Hôtel Brighton
218, rue de Rivoli
Paris.
Mer. 25 août [1915]. 9 h 20

Cher vieux,
Après m'avoir retenu ici deux jours, j'apprends que Joffre ne peut pas me recevoir. Il est occupé ailleurs. F... impertinence, non ? Mais il m'a envoyé un mes-

sage pour « s'excuser ». Tu imagines K[itchener] faisant cela ?

Passons. Hier, j'ai travaillé comme un diable et, le soir, dans l'intention d'échapper aux journalistes, éditeurs, etc. L[andon] et moi sommes allés au music-hall du Palais Royal. C'est à côté de ce théâtre où nous avions vu *Le Monde où l'on s'ennuie*. J'aurais donné cher pour tu sois là. Aucun intérêt du point de vue des décors ou de la troupe (douze personnes sur scène), mais il y avait un second rôle anglais en kaki qui imitait l'accent britannique. Il arborait une veste sport kaki ; des guêtres fauves à boutons de cuir et de gros gants de conduite ! Il mettait ses mains sur ses hanches et prenait des poses tandis que le public l'acclamait en hurlant. Tout son anglais se résumait à peu près à « Arl raight ». Même K 6 l'aurait massacré à coups de pelle. Puis (là, j'ai songé à quel point cela t'aurait plu) un sous-lieutenant de marine anglais est apparu et a chanté « *Mary of Tipperary* » en compagnie d'une créature indélicate en jupette verte et culotte vert hollande rehaussée de nœuds de ruban rouge. Elle figurait les Irlandais ! Tu ne peux pas savoir ce qu'il y a d'indécence dans une culotte verte et rouge. L'uniforme du sous-lieutenant était exact dans ses moindres détails. J'ai trouvé cela plutôt choquant mais connaissant ton opinion sur les « veilleurs incessants », je pense que tu aurais apprécié. Mais la grande attraction était le type en veste kaki et gants de conduite. Il ne quittait jamais la scène. Quand il ne vociférait pas, il allait s'asseoir sur une chaise et continuait à se faire acclamer. Les filles étaient d'horribles chiennes – sauf une, assez chienne pour en devenir intéressante. La salle était pleine, avec une douzaine d'officiers britanniques (tous supérieurs) qui semblaient bien s'amuser. Nous n'avons supporté qu'une moitié du spectacle puis nous sommes rentrés à pied à l'hôtel par une nuit calme et poisseuse.

Je pars demain par le train de 10 h 05 et compte arriver à Folkestone à 18 heures, où je l'espère, la voiture m'attendra. Au fait, le concierge d'ici a croisé Eaves (!) en uniforme l'autre jour. Eaves gagnait le Front *via* Paris. Si jamais tu viens à Paris, tu n'as qu'à descendre ici. Ils te donneront ta vieille suite (301) avec bain pour un prix ridiculement bas et je pense que tu t'apercevras qu'ils sont en quelque sorte l'équivalent français du Brown's.

Maintenant, je dois me remettre au travail. Mon cœur, comme ils disent au music-hall, est tien à jamais. Et moi aussi, par conséquent.

Plus que jamais
Ton Père.

Hôtel Brighton
218, rue de Rivoli
Paris.
25 août 1915. 19 h 30

Cher vieux,
Devant partir demain à une heure parfaitement indue pour prévoir les formalités de police à la gare, je

t'écris dès à présent ma petite lettre quotidienne. J'espère être à Folkestone à six heures du soir mais c'est un monde plein de surprises et les bateaux de la Manche sont souvent retardés. Je pense que les sous-marins ont recommencé à rôder. Le train d'hier est parti rempli à plein-bord (si c'est le mot) à cause des bateaux de la veille qui n'étaient pas sortis.

J'ai travaillé toute la journée au récit de mes voyages et à l'éloge de l'armée française. Je pense réellement qu'elle est excellente et je suis persuadé que, le temps aidant, tu partageras cet avis. Il y a vraiment très peu de différences entre les façons de voir des officiers français et britanniques. L'autre soir, « quelque part en France », je bavardais avec un délicieux vieux général. Nous nous trouvions à quelques miles d'une ville et les projecteurs allemands et français dansaient autour de nous. Je lui ai demandé s'il connaissait son homologue du côté teuton. « Fort bien, m'a-t-il répondu. Je le connais depuis des mois. (Il me dit son nom.) C'est un vieillard et je pense qu'il souffre de goutte. De temps en temps, je l'oblige à passer une nuit blanche avec mes grosses pièces d'artillerie. Il se met *toujours* en colère. Il s'énerve et commence à pilonner le terrain dans tous les sens. Il coûte très cher en munitions à l'Allemagne. » N'est-ce pas exactement de cette façon que parlerait un officier anglais ?

23 heures. Je rentre d'une séance de cinéma idiote aux Ambassadeurs. Il y avait un tas de fausses images de guerre et le seul moment amusant était celui où un enfant recevait une fessée pour avoir dérangé un pêcheur en jetant des pierres dans une rivière. Il retournait à la roulotte de son père (c'était un gitan), en sortait une peau de crocodile et l'attachait sur son chien. Voilà le résultat : *(dessin p. 207)*

Comme tu peux l'imaginer, la vue d'un crocodile bleu ciel à quatre pattes lui fonçant dessus effrayait le pêcheur, puis le chien-crocodile s'enfuyait dans la campagne semant sur son passage la confusion et la panique habituelles.

Jeudi matin 9 heures. Partant pour Boulogne, je reçois copie de ta lettre du 20, décrivant ton cantonnement chez le maire et la jeune Marcelle, et l'immorale bonne fortune de Grayson avec la Gaby locale. Désolé pour la nourriture, Bateman's fera de son mieux pour y remédier. Tu devrais recevoir une grosse liasse de mes lettres dans la mesure où je t'ai écrit régulièrement. Et maintenant, en route pour la gare du Nord et l'infernale cohue de ses quais.

À toi,
Papa.

France
26 août 1915

Cher F –

Je viens de recevoir la lettre du 23 de Maman.

Nous avons un système postal totalement infect, ici. Les colis ne sont distribués que tous les quatre jours.

Ne m'envoyez plus de sous-vêtements, cols, chemises et mouchoirs, j'en suis amplement pourvu et risque de les perdre. Mais le chocolat est le bienvenu, car la nourriture ici – quand il y en a – est *infecte*.

Merci beaucoup pour le *Sunday Express*, *Pictorial* et *Sketch*.

La chaleur est insensée et les mouches insupportables.

Il s'est passé une chose très drôle l'autre jour.

Dans le cantonnement de mon peloton il y a une énorme truie qui erre en liberté dans la cour. Les hommes dorment dans une grange juste à côté de la bauge.

La vieille truie est toujours affamée et j'ai soudain entendu des cris et des bruits de bagarre et tout d'un coup la truie a surgi de la porte de la cour pour se ruer sur la route avec le sac de rations de secours d'un des hommes entre les dents.

Le sac était rempli de biscuits et de corned-beef.

Tout le peloton était à ses trousses, armé de fusils, de bâtons, de pierres, etc.

Mais la truie courait plus vite qu'eux et et ils l'ont pourchassée jusqu'au moment où quelqu'un arrivant en sens inverse l'a obligée à faire demi-tour.

Elle a foncé vers la ferme sans lâcher le sac de rations.

La poursuite a repris mais à la porte de la cour la pauvre bête a glissé.

Les hommes se sont tous jetés sur elle, le sergent l'a frappée au ventre avec la crosse de son fusil.

Mais elle n'a consenti à lâcher le sac que lorsque tout le monde s'est mis à lui taper dessus.

La propriétaire est sortie et elle était dans une fureur noire mais on l'a calmée et la vieille truie est allée s'affaler sur un tas de fumier, hors d'haleine.

Je crois que je n'avais jamais autant ri de toute ma vie.

C'est un miracle que la truie ne soit pas morte avec tous les coups qu'elle a pris.

Je suis allé en camion dans une grande ville près d'ici hier pour chercher des provisions et faire un peu de tourisme et je suis revenu le soir dans une voiture de course.

J'aimerais que mon pyjama et mes chaussettes civiles arrivent, mais la poste est suspendue pour le moment.

Pouvez-vous m'envoyer deux paires de ces épaisses chaussettes kaki que j'avais à Warley?

Tendrement à tous,
John

Je vous envoie les papiers d'assurance remplis. – JK

26 août 1915. 10 h 20
Dans le train de Boulogne.

Je posterai ceci à Boulogne qui, si l'on y réfléchit, ne peut pas se trouver à plus de vingt miles de toi. J'aimerais pouvoir te voir avec Marcelle. À ce propos, le meilleur dictionnaire de français est un dictionnaire en jupons. (Pendant que j'essaye d'écrire, un maudit Yankee déblatère dans notre compartiment sur le naufrage du *Lusitania* d'une voix à percer les blindages. C'est si pénible que Landon et moi avons dû sortir et nous voici installés au wagon-restaurant. Il semble que le Yankee ait été à bord quand le navire a été coulé. On finirait par éprouver de la sympathie pour le point de vue allemand.)

Une bonne moitié de ce train semble remplie de Yankees venus signer des contrats d'armements, etc. À l'hôtel Brighton, j'ai rencontré un Canadien rose, rond et hirsute qui m'a dit être le gendre de « M. Ellis de Burwash ». Il en faut beaucoup pour m'étonner de nos jours, mais j'avoue avoir été assez surpris. Il était là, m'a-t-il appris, pour vendre des armes aux Français et paraissait d'une prospérité révoltante.

Il fait une chaleur terrible dans ce train. J'espère que toi et Marcelle jouissez de plus de fraîcheur. Concernant Grayson, t'ai-je dit que l'un des soldats (l'ordonnance du colonel) qui m'a escorté dans les tranchées à Hartmanweilers Kop aurait pu être son frère jumeau ? Il m'a raconté qu'il était avocat dans le civil. Il avait le même débit traînant que Grayson et roulait des yeux comme lui. Je m'attendais à ce qu'il se mette à parler anglais d'une seconde à l'autre.

14 h 50. Trois officiers anglais sont montés à Amiens et depuis tout va mieux. Les Yankees ont été réduits au silence. Ils sont en permission (huit jours) et je vais essayer de les faire passer en contrebande

avec moi plutôt que de les laisser attendre le bateau
de 22 heures.

Affectueusement.
Ton Père.

Bateman's,
Burwash,
Sussex.
28 août 1915. 20 h 20

Cher vieux,
Ta lettre du 26 avec le joyeux conte de la truie et
des rations est arrivée ce soir et Maman et moi avons
hurlé de rire en la lisant. Un cochon qui vole un Irlandais, n'est-ce pas un peu comme « cuire l'enfant dans
le lait de sa mère » ? Où sont – si elles sont quelque
part – toutes les lettres que je t'ai écrites au cours de
ces dix derniers jours ? L'organisation postale française est particulièrement putride, mais certaines
auraient déjà dû te parvenir.
L'oncle Stan est venu hier soir. Il avait télégraphié
mais nous étions sortis. Il a dû faire presque tout le
chemin à pied depuis la gare. J'ai cru comprendre de
ce qu'il m'a dit qu'Ollie[16] n'en peut plus d'Eton et
refuse d'y rester plus longtemps. Quoi qu'il en soit,
Stan parle de lui trouver un précepteur pour les six
prochains mois, avec l'idée de le préparer à la carrière
diplomatique. Je pense que tout ceci restera lettre
morte puisque Stan ajoute que dès qu'il en aura l'âge

Ollie veut s'engager – chez les grenadiers de préférence dans la mesure où son père y connaît un grand nombre d'anciens. Chacun ses goûts, n'est-ce pas ? Je suppose qu'Ollie a dû t'en parler dans ses lettres. Oh ! Il nous a dit aussi qu'il avait dîné avec Kerry l'autre jour (il y a quelques semaines). Kerry et lui sont entrés ensemble à la chambre des Communes. Kerry lui a dit : « Je viens de me rendre compte que j'avais un neveu à vous dans mon régiment – le jeune Kipling. C'est un garçon très bien et il fait de l'excellent travail. Un travail soigné et consciencieux. Je le laisserai partir quand il aura dix-huit ans car il a fait un an d'entraînement et connaît son métier. »

Encore une journée de rude canicule où j'ai planché sur mes lettres de France – observations sur leur armée. Je répète, pour la cinquième fois au moins, qu'ils utilisent du grillage à lapins pour protéger leurs tranchées des bombes. Ces petits toits en pente sont censés faire rouler la bombe devant ou derrière la tranchée. Je vais maintenant m'arrêter jusqu'à demain matin.

Dimanche 16 h 30. Il a plu à verse toute la journée. Voilà toutes nos nouvelles. J'espère que tu es au sec. Le Colonel vient de partir et t'adresse ses meilleurs vœux. Parle-nous de ton travail si tu le peux. (L'ennemi n'en saura rien.) Continues-tu avec tes signaleurs ou poursuis-tu l'entraînement physique ? Comment va Grayson ? Transmets-lui le bonjour.

C'est tout. D'un cœur plein d'amour,

Papa.

2e Guards Brigade
France
29 août 1915

Cher F –
Pas une lettre de toi pendant quatre jours et puis neuf d'un coup au courrier d'hier. Merci infiniment.

Il fait une chaleur incroyable, bien plus chaud qu'au Cap et Dieu que de mouches !

Il n'y a pas un seul d'entre nous qui n'ait été piqué par une guêpe. On dirait que nous sommes sur leur terrain de chasse préféré.

Nous ressemblons à un régiment colonial à force d'être brûlés de soleil et mon visage a la couleur d'une pipe de bruyère bien culottée.

En fait nous adoptons rapidement cette allure « mince et bronzé » inséparable des héros des feuilletons du *Daily Mirror*.

Je ne crois pas m'être jamais senti aussi en forme.

Nous travaillons comme des brutes et dormons huit heures par nuit (extinction des feux à 21 heures).

Encore merci pour les lettres de Papa.

Ses « trucs pour les tranchées » sont assez bizarres. Vous devez sûrement savoir qu'il existe un ordre impératif de ne jamais couvrir une tranchée, même avec du grillage à lapins. Si le Boche arrive, il vous coince comme des lapins en dessous.

N'oubliez pas que notre commandant a passé sept mois dans un état-major de « Brigade » et que ce qu'il ne sait pas de la partie ne vaut pas la peine d'être su. Bien entendu on ne t'a laissé voir que des tranchées-témoin, pas celles qu'un bataillon français creuse en une nuit, le test suprême.

Un grand merci pour le colis numéro cinq.

Je n'ai pas encore reçu les numéros trois et quatre, mais ils sont certainement coincés quelque part.

Ici, c'est entraînement et marches forcées tous les jours ; la poussière est tout bonnement intolérable.

On n'a jamais vu d'hommes aussi alertes que les nôtres et Dieu quelle discipline !

Les Musiques de la Brigade (qui jouent aux montées de la garde) se relaient pour venir distraire les troupes à la base et aux camps de repos.

Nous constituons notre propre formation car tous les bataillons de la Brigade ont les leurs. Il y a beaucoup de tambours et de fifres dans nos rangs, ce ne sera donc pas long. Lorsque le « colonel en chef » viendra, nous rassemblerons toutes les formations de la Division, ce sera un spectacle magnifique.

À propos, je suis à court de papier et d'enveloppes. Pouvez-vous m'envoyer un bloc avec reliure toilée, vous savez de quoi je parle. Je crois qu'ils appellent ça « L'Ami du Combattant » ou « Le Bloc d'Active », quelque chose dans ce genre.

S'il vous plaît, plus de sous-vêtements, de chemises, de cols, mais des chaussettes épaisses comme convenu.

Au sujet des recharges. Veuillez m'envoyer une recharge pour l'Orilux tous les quinze jours ; et une tous les dix jours pour l'Holzabel.

Envoyez aussi un flacon de poudre dentifrice Colgates ainsi qu'une boîte de poudre à raser Colgates.

La nourriture –

La seule qu'il faille m'envoyer c'est du chocolat car nous pouvons nous procurer le reste (comme les sardines) au mess. Et des choses comme les petits gâteaux au chocolat, pas de biscuits digestifs.

Les gâteaux au chocolat étaient de premier ordre.

Quand vous m'envoyez un quart de livre de tabac voulez-vous le faire en deux boîtes de deux onces c'est plus pratique.

Je croule sous les chemises et le reste, mais toutes les petites babioles seront acceptées. Pourriez-vous m'envoyer un verre portable dans un étui solide, à peu près de la taille de cette feuille de papier.

Pas de chance pour [?].

Mais j'irai directement là-bas la prochaine fois que je serai en Angleterre.

Amusant que cette vieille Phipps soit montée en Écosse.

Envoyez-moi s'il vous plaît un peu de littérature :
Nashs (numéro de septembre) *Royal*, *Strand*, *Pearsons*, etc.

Il n'y a tout bonnement rien à lire ici.

Mille merci pour *Tatler*, *Punch* et *Sketch*.

Ayant étalé mes désirs sur trois pleines pages je
crois qu'il est l'heure de fermer.

Tendrement à vous tous,

John

France
30 août 1915

Cher F –

J'ai reçu les colis (trois et quatre) ce matin ainsi
que trois lettres de Papa, ce dont je vous remercie infiniment. C'est terriblement gentil de votre part de
m'envoyer toutes ces choses.

La lettre un peu « salée » de Papa datée du mercredi 25 est arrivée avec une grosse inscription sur le
rabat : « Ouverte par la censure ».

Un fichu fouineur de troufion avait glissé un formulaire imprimé dans l'enveloppe.

Sacré toupet !

J'aurais adoré voir ce spectacle de music-hall,
particulièrement le sous-lieutenant.

Venons-en à nos faits et gestes.

Cette cour martiale.

Il n'y avait pas de camions, j'ai donc pris un cheval, du genre aérodynamique avec « arrière-train bulbeux et roues à jantes » ; et aussi direction à cardans, un bien véloce animal.

Il avait tendance à patiner au début mais j'ai dompté l'embrayage en douceur et il a vite obtempéré.

Il ne m'a pas fallu longtemps pour arriver là-bas (c'était à neuf miles d'ici). En fait, je suis certain d'avoir frôlé au moins une fois le vingt-cinq miles à l'heure.

C'était une cour martiale « de campagne », qui détient le pouvoir « de vie et de mort » (plutôt impressionnant, vous ne trouvez pas ?).

Comme c'est au membre cadet de présenter le premier les « conclusions de la cour », j'ai dû garder mon esprit en éveil.

Le président était un major des grenadiers et les deux assesseurs un capitaine et moi.

Un homme a frôlé de peu la peine capitale et je n'ai pas aimé cela du tout.

Toutes les infractions en service actif sont considérées comme deux fois plus graves qu'en Angleterre et à juste titre.

Il y avait quatre affaires et la séance a duré 6 heures.

M'étant acquitté de ma tâche « comme monsieur Edward Carson[17] », j'ai repris mon bidet et enclenché la seconde pour rentrer au plus vite.

Longue journée : une chevauchée de dix-huit miles et six heures de cour martiale.

Le lendemain j'étais moulu !

Formidable journée hier.

Notre premier bataillon est cantonné à quinze miles d'ici. Jerry est maintenant lieutenant-colonel et commande le 1er bataillon des Irish Guards.

Nous avons chacun marché la moitié du chemin afin de nous retrouver pour un grand pique-nique.

Il y avait là le sergent O'Leary, très élégant. Il a l'œil le plus clair que j'ai jamais vu, vraiment un type superbe. C'était bon de revoir tous les officiers. Le vieux Jerry s'est rué sur moi et et m'a serré la main avec effusion.

Les hommes semblaient très fatigués, certains faisaient penser à des cadavres ambulants. Ils disent qu'ils n'ont jamais un moment de répit et il suffit de les voir pour les croire. Mais Dieu, que leur présentation d'armes était belle.

Ils ont inventé un truc très amusant ; ils retirent la gaine en feutre de leur gourde et comme les récipients sont en fer laqué bleu c'est du plus bel effet sur le kaki de leurs uniformes.

Environ un homme sur quatre porte une bague d'aluminium faite de débris d'obus allemands.

Nous nous sommes acclamés mutuellement et Jerry a émis quelques vociférations effrayantes, dans le but évident d'intimider les jeunes officiers.

7 h 30 – *31 août.*

Deux compagnies (la nôtre et une autre) partent dans une heure en autocar pour aller aider à creuser les tranchées de première ligne destinées à la défense des ports maritimes.

Nous devons rentrer ce soir à 20 heures.

Demain ont lieu les « manœuvres de division » synonyme d'effroi.

Rassemblement à 4 h 30 du matin, en route à cinq heures et douze miles de marche pour atteindre le lieu des manœuvres.

Marche retour de douze miles à la fin des opérations, c'est-à-dire dans la soirée.

Journée épuisante en perspective. Vingt-quatre miles à pied et une journée de manœuvres.

Le genre de chose qui ramène la guerre à votre porte et vous la lâche sur le paillasson.

Lady B[land] S[utton][18] m'a envoyé un énorme cake et je viens de lui écrire pour la remercier.

Notre général de brigade est Ponsonby, des Coldstream Guards, l'un des meilleurs ici.

Bien, chers vieux, je vais préparer mes lunettes et mes gants de conduite en prévision de mon voyage en « Bus-Auto ».

À bientôt.

Affections,
John

France
[2 ou 3] *sept. 1915*
2e Guards Brigade
Guards Division
B.E.F.

Cher F –

Il continue à pleuvoir pire qu'en enfer.

Pouvez-vous m'envoyer un ciré comme ceux qu'utilisent les marins de la mer du Nord, etc. Ces grands machins noirs qui ne serrent pas. Pas le modèle civil qu'on trouve en boutique et qui ne tient qu'une semaine, l'article standard de la Navy. Vous devriez en trouver à Portsmouth. Essayez-le sur Papa. Il doit être large et confortable et tomber sous le mollet. Aucun « Burbury » ou Mac ne supporterait ces trombes d'eau. Il faut un ciré et un bon.

Pouvez-vous m'en trouver un ? Un vrai imperméable fait la moitié du combat. Je sais que c'est trop demander que de vous envoyer chasser le ciré d'officier de marine et que c'est une grande « humiliation » pour moi d'utiliser du matériel des forces navales.

Je vous envoie cinq livres que je joins à cette lettre pour couvrir toutes les petites dettes que j'aurais pu laisser à Bateman's.

Voudriez-vous vous en servir aussi pour régler une petite facture qui traîne chez Dunhill, Duke Street.

Nous serons dehors toute la nuit prochaine.

Les tranchées devraient se révéler plus reposantes.

Nous montons au front la semaine prochaine.

Allez, à bientôt chers vieux. Baisers à Jerry.
Désolé de vous embêter avec ce ciré.

Votre,
John

Voudriez-vous aussi payer la facture jointe à Slazengers. JK

(Le chèque rédigé au crayon indélébile est parfaitement valable.)

Bateman's,
Buwash,
Sussex.
Dimanche 5 sept. [1915] 20 h.

Salon de Bateman's, avec petit feu vif.

Cher vieux guerrier,
Tes ordres concernant le ciré (modèle Loup de mer et Veilleurs incessants) ont été enregistrés et ont beaucoup fait rire Jerry. Elle s'en souviendra longtemps ; naturellement, elle sait tout sur les cirés.
Cet après-midi à cinq heures, Lady Aitken[19] nous a rendu visite accompagnée de son frère Chipman, devenu capitaine d'état-major, et d'un autre officier avec son épouse. Lady A. était jolie et très en forme. Elle m'a dit que sir Max a une maison avec son propre staff à St Omer. Elle est arrivée dans une Cadillac

huit-cylindres. Je n'en avais jamais vu. Les cylindres sont placés en V, quatre de chaque côté. Un vrai tapis volant, avec toute la puissance dont on peut rêver – de 60 à 90 miles à l'heure, je pense. Elle la conduit elle-même. Elle conduirait n'importe quoi. J'ai examiné mon premier démarreur automatique. Alan Aitken, que tu as rencontré à Cherkley à Noël, rentre des Dardanelles. Ils ont tous demandé de tes nouvelles et ta bonne amie Gladys [Mrs Max Aitken], à qui j'ai donné ton adresse, dit qu'elle va t'envoyer des chocolats. J'admire l'admiration que vous lui portez. Elle vit actuellement à Folkestone.

Tu m'as fait tordre de rire avec ton histoire de cheval pour la cour martiale. Tu avais une très bonne assiette et une main très sûre dans ton enfance. Tout cela t'est-il revenu chemin faisant ?

(Maman et l'Oiseau [Elsie] se battent encore pour repriser une de tes f... chaussettes – l'orteil, le talon ou que sais-je. L'Oiseau a couru la prendre dans la chambre de Maman – *en laissant la porte ouverte comme toujours*. Cette fille cherche les réprimandes.)

J'ai presque bouclé ma dernière lettre sur l'armée française [20] et j'espère redevenir un être humain dès demain. L'Oiseau dit que pour l'heure, je serais plutôt un champignon. Je pense que tu seras heureux d'apprendre que Wiggy, que nous avons autorisé à entrer dans la maison pour le déjeuner d'hier, n'a compissé le vestibule que deux fois en une demi-heure. Un petit animal bien dressé !

J'ai été faire un tour avec ton fusil et ai bravement

raté mon lot habituel de perdrix. Jenner, qui dirige la fanfare de Burwash, a donné un concert au village (nous les entendions d'ici) hier soir. Ils collectent de l'argent pour acheter du tabac aux « garçons de Burwash qui se trouvent au Front ». *Ils ne donnent rien aux territoriaux,* ce qui prouve que J. a le cœur au bon endroit.

J'ai rassemblé quelques histoires olé-olé à te raconter au creux de l'oreille. Mais il est l'heure de conclure.

Avec tout mon amour,

Papa.

PS : si un censeur a ouvert ma lettre « salée », elle lui a probablement remonté le moral.

France
Samedi 10 sept. 1915
19 h 30.
2e Irish Guards

Cher F –
Mille mercis pour les colis que tu m'as envoyés. Il ne me manque plus rien sauf une paire de fixe-chaussettes.

Je me vautre dans l'abondance.

Le ciré est de premier ordre.

J'ai maintenant amplement assez de chaussettes, n'en envoyez plus avant que je le demande.

Il me faudrait une pile pour l'Orilux.

Mais plus de piles pour l'Holzapel, c'était une mauvaise lampe.

L'Orilux est ce qu'on peut trouver de mieux.

Tout le monde en a ici.

Lady Aitken m'a envoyé une magnifique boîte de chocolats et Lady B-S un énorme gâteau. C'est vraiment gentil de leur part.

Je vous écris sur le bloc de papier à lettre qui est arrrivé l'autre jour.

Plus de *cols de chemise ni de sous-vêtements* avant que j'en réclame.

Venons-en à nos faits et gestes.

Nous sommes restés dehors jusqu'à minuit hier à creuser des tranchées.

Nous avons continué toute la matinée et y retournons toute la nuit (jusqu'à cinq heures dimanche matin).

Papa sait probablement ce qui va se passer là-bas dans dix jours. C'est pour ça que la Division a été formée. Ça paraît mystérieux, mais je ne peux pas vous dire de quoi il s'agit si vous ne le savez pas.

Nous montons donc très bientôt.

La chaleur continue et il fait très très chaud.

Merci mille fois pour les magazines. Ils sont toujours les bienvenus.

Votre,
John.

France
Dimanche 19 sept. 1915

Cher F –

Reçu vos lettres (la tienne et celle d'Elsie) du 16 et vous en remercie.

Le courrier était en retard à cause de sous-marins en maraude dans la Manche.

Ravi d'apprendre que Phipps a une Singer – ce sont vraiment de jolis petits joujoux – et si je vis jusqu'à mon retour je compte m'offrir le plus beau modèle d'Hispano-Suiza deux places et me payer du bon temps avec.

Rien que d'y penser je serre mon crayon comme un volant, ce qui explique l'écriture.

Nous travaillons comme des brutes ; quand nous arrivons à trouver deux heures pour les repas et les pauses dans la journée, nous nous estimons fichtrement chanceux.

En général c'est lever à quatre heures du matin et coucher à 21 heures. On nous déplace encore, mardi je crois.

J'ai fait assez de marches au cours de ce dernier mois pour m'en dégoûter à vie ; c'est tout simplement indescriptible ! – ces interminables rubans de routes torrides et poussiéreuses où l'on voit à cinq kilomètres devant soi et les voitures et les camions qui vous couvrent de poussière.

Combien de fois ai-je rêvé d'un bain chaud ! d'un habit de soirée ! d'un dîner au Ritz suivi d'un spectacle à l'Alhambra ! Vous ne vous rendez pas compte comme vous êtes gâtés à la maison. Vous ne mesurez pas le luxe outrancier qui vous entoure.

Pensez ne serait-ce qu'à un robinet d'eau chaude.

Je m'aperçois que je n'ai pas pris de boutons de col. Pouvez-vous m'en envoyer trois de devant et trois de derrière ; et aussi un pyjama exactement comme celui de la dernière fois.

À propos, la prochaine fois que vous serez en ville voudriez-vous me faire faire une plaque d'identité car j'ai perdu la mienne.

Juste un disque d'aluminium avec une cordelette, comme celui-ci :

à peu près de cette taille

Il est totalement impossible d'en trouver une ici, sinon je ne vous dérangerais pas pour ça.

Il entre dans nos instructions d'en porter une.

À bientôt, chers vieux, bonne chance à la Singer. J'espère que Phipps apprendra vite à la mener de main de maître.

Votre,
John Kipling

France
Jeudi 23 sept. 1915

Cher vieux F—

Juste un mot en vitesse pour te dire ce que nous faisons. Nous avons entrepris ce dont j'avais parlé ; avons marché tous ces deux derniers jours. La chaleur est terrible mais nous déplaçons de nuit quand il fait un peu plus frais.

La poussière est vraiment accablante.

Il n'y a guère de nourriture ni de sommeil à prendre.

J'ai passé la nuit dernière sur le sol d'une salle de ferme. Les briques étaient un peu dures mais j'ai dormi comme une souche pendant quatre heures. Nous repartons dans une heure et je dois me dépêcher.

Nous avons dû sacrifier une bonne moitié de notre paquetage car les chariots sont lourdement chargés.

Je vous écrirai plus tard pour vous dire quoi envoyer.

C'était un crève-cœur d'abandonner une grosse partie de mon bel équipement sur le bord de la route.

Pouvez-vous m'envoyer une vraie bonne paire de pantoufles (douillettes et chaudes avec des semelles solides) (*pas* de feutre) et aussi une bonne brosse à dents.

À bientôt, mes chers vieux,
Votre John.

Samedi 25 sept. 1915
17 h 30

Cher F –

Juste un mot rapide car nous montons ce soir. Les tranchées de la ligne de front ne sont qu'à neuf miles d'ici, ce ne sera donc pas une très longue marche.

C'est LA grande offensive pour percer et mettre fin à la guerre.

Les canons ont tonné toute la journée à vous rendre sourd, sans une seule accalmie.

Nous devons percer à tout prix, donc nous n'aurons pas à rester longemps dans les tranchées, ce qui est une grande chance.

Étrange de penser qu'on sera au cœur du combat demain.

Première expérience du feu non plus dans les tranchées mais à découvert.

C'est l'un des avantages d'une division volante ; il faut toujours avancer.

Nous avons marché dix-huit miles la nuit dernière sous une pluie battante.

Elle tombait en rideaux, sans relâche.

Ils jouent une partie énorme avec cette grande poussée ; si elle réussit, la guerre ne durera plus très longtemps.

Vous ne supposez pas quels gigantesques enjeux reposent sur les quelques prochains jours.

Ce sera ma dernière lettre pour un moment ; je n'aurai pas le temps de vous écrire dans la semaine qui vient, mais j'essaierai d'envoyer des cartes du combattant.

À bientôt chers vieux.

Affections
John

Baisers à Jerry.

JK

John Kipling, en 1915.

Notes

1. Maison des Kipling à Burwash dans le Sussex depuis 1902.
2. Sobriquet d'Elsie, sœur aînée de John, dite aussi « *Ducky-Dicky-Bird* » ou simplement « *The Bird* » (l'oiseau).
3. F – pour *Father*, Père.
4. En français dans le texte.
5. Ancienne gouvernante française de John et Elsie.
6. H. Rider Haggard, auteur des *Mines du roi Salomon* et de *She*, ami et collaborateur de longue date de Rudyard Kipling.
7. Stanley Baldwin, cousin de Rudyard Kipling et futur Premier ministre. Son père, Alfred Baldwin, avait été président de la Great Western Railway.
8. Le lieutenant-colonel « Jerry » Madden, supérieur de John Kipling au 2ᵉ bataillon des Irish Guards, prit le commandement du 1ᵉʳ bataillon en France en août 1915 et fut grièvement blessé deux semaines après la mort de John Kypling.
9. Probablement une allusion sarcastique au cliché de la presse de l'époque parlant de la « veille incessante » des hommes de la Royal Navy.
10. Date du dix-huitième anniversaire de John.
11. Une secrétaire de Rudyard Kipling à Bateman's, à ne pas confondre avec « Jerry » Malden.
12. Centre de mobilisation et quartier général britannique en France.
13. En français dans le texte.

14. Percival Landon, correspondant du *Times* durant la guerre des Boers, devint l'un des amis intimes de Rudyard Kipling avec qui il voyagea souvent. Entre deux reportages, il résidait dans un cottage qu'on lui réservait à Bateman's.

15. En français dans le texte.

16. Oliver Baldwin, fils de Stanley Baldwin et futur député travailliste.

17. Lord Edward Henry Carson, à l'époque procureur général, ancien voisin de Kipling et admiré par celui-ci pour ses positions sur l'Irlande.

18. Épouse de sir John Bland-Sutton, éminent médecin de la famille Kipling que Rudyard Kipling encouragea à écrire ses mémoires *(The Story of a Surgeon)*.

19. Épouse de Max Aitken (lord Beaverbrook), journaliste et homme politique canadien élevé à la pairie en 1917, ami proche de Rudyard Kipling.

20. Réunies en recueil sous le titre *France at War* (1915).

Dites-leur
que nos pères ont menti

Les lettres de Kipling à son fils John, publiées ici pour la première fois en français, sont extraites d'une correspondance qui a mis plus d'un demi-siècle à nous parvenir. Elsie Bambridge, fille de Rudyard et dernière survivante de la famille Kipling, les a tenues secrètes jusqu'à sa mort en 1976, n'en autorisant l'accès qu'à une poignée d'universitaires triés sur le volet. Elles ne sont parues en Angleterre qu'en 1983, dans un recueil intitulé *O Beloved Kids*, une sélection des 223 lettres adressées par Kipling à ses enfants Elsie et John entre 1906 et 1915 préparée par Elliot L. Gilbert, professeur de littérature anglaise à l'Université de Californie.

Avant cela, des rumeurs de scandale et de secrets de famille avaient entouré cette correspondance jalousement protégée par une fille portée, comme avant elle sa mère, Carrie Kipling, à la défense farouche de la vie privée de l'écrivain. L'ouverture du fonds fut à la fois une déception et une surprise. Une déception au sens où ces lettres ne recelaient rien de spécialement croustillant. Une surprise, car elles révèlent un Kipling intime dont les écrits pour les enfants laissaient supposer l'existence, aux antipodes du père victorien, rigide et moralisateur, dont certains critiques ont voulu donner l'image. Un Kipling plein d'humour et de fantaisie, en profonde empathie avec l'imaginaire et les modes de perception enfantins, dont le sens de l'absurde et du jeu s'exerce sans retenue, qui préfère par exemple composer un passage truffé de fautes comiques pour fustiger l'orthographe défaillante de son fils plutôt que de lui faire la leçon, qui décrit ses servitudes d'homme éminent d'une plume pétillante d'irrespect et émaille ses longues et tendres missives de mots inventés et de croquis loufoques. On retrouve dans les lettres des premières années (qui ne figurent pas dans notre sélection) la manière des *Histoires comme ça*, écrites au premier chef pour ses enfants.

Elsie et John servirent, on le sait, de modèles pour Una et Dan, les jeunes héros de *Puck of Pook's Hill* et de *Rewards and Fairies* (d'où provient d'ailleurs le célébrissime poème « If – »), deux recueils de nouvelles publiés en 1906 et 1910 où Kipling illustre sa théorie d'une histoire cyclique, soumise au déclin et à la renaissance des civilisations, en envoyant deux enfants dans le passé à la rencontre d'une galerie de personnages, centurion romain, chevalier normand, chef indien, aux prises avec les soubresauts de l'humanité. Il est intéressant de noter que la correspondance privée reflète fidèlement les idées développées dans ces odes à l'intuition, à l'endurance et à la responsabilité de l'individu face aux mouvements telluriques de l'Histoire, leur sert en quelque sorte de banc d'essai. Le paradoxe d'un Kipling tiraillé entre un profond désir d'ordre et la joyeuse anarchie de l'enfance s'y révèle on ne peut plus clairement.

Les lettres de guerre retenues ici racontent une autre histoire et mettent au jour une contradiction d'une nature plus cruelle. Un premier deuil avait frappé les Kipling en 1899 avec la mort de leur fille aînée, Josephine, foudroyée par une pneumonie. Dans le livre *Three Houses*, consacré à ses souvenirs d'enfance avec Josephine, Elsie et John, Angela Thirkell, petite-cousine de Kipling, écrit : « Une part considérable du bien-aimé cousin Ruddy de notre enfance mourut avec Josephine et j'ai le sentiment de ne plus jamais l'avoir considéré comme une personne véritable à partir de ce jour. » Sans doute une fibre d'innocence s'était-elle éteinte chez l'écrivain en même temps que sa fille. Mais ce drame, pour horrible qu'il fût, n'est rien en regard de celui qui couve sous les lettres de 1915 à son fils.

John Kipling a dix-sept ans lorsque en 1914, à l'instigation de son père et après une préparation militaire dans le cadre de son école, il décroche une affectation comme élève officier dans le bataillon des Irish Guards stationné à Brentwood. C'est un grand garçon pataud et puéril qui part, guère doué pour les études, gai et futile, souffrant d'une sévère myopie qui lui a barré le chemin de la Marine. Quelques mois plus tard, dans une lettre à Elsie, Kipling en donne une description pleine d'orgueil : « Il porte bien l'uniforme. C'est un John changé à bien des égards, mais toujours aussi délicieux. Un John grave et sérieux au sourire adorable. […] Son vieil esprit caustique et critique s'est mué en attitude calme et impartiale. À l'évidence, il s'entend bien avec ses hommes – il leur parle aussi souvent qu'il le peut, ce qui est l'un des grands secrets du commandement. Je crois qu'il mûrit. »

On devine ce qui, dans une telle métamorphose, peut toucher un homme qui a voué une grande partie de son œuvre à l'exaltation du panache et de la grandeur militaire. Un homme que la sagesse populaire associe à lord Kitchener, héros de Karthoum et secrétaire d'État à la Guerre de 1914 à 1916, dans les vers : « Quand l'Empire a besoin d'une suture / Appelez Kipling et Kitchener. »

Pour autant, c'est bien l'histoire d'un aveuglement que tracent les lettres qu'il adresse à John avant et après son départ pour le front. Sur le continent, la guerre a commencé. Les troupes du Kaiser tiennent la Belgique. Les Alliés consolident leurs positions. La grande tragédie se noue. Habité par des conceptions guerrières d'un autre âge et un anti-germanisme qui croît depuis les années 1890, Kipling ne semble rien voir venir. À cet égard, le décalage entre le ton de ses lettres à John et le drame en gestation est éloquent.

Au début, le fils est en phase avec le père. Le récit insouciant qu'il fait de sa vie au bataillon évoque la colonie de vacances. Derrière les signes transparents d'une virilisation à marche forcée, on discerne l'ado-

lescent gauche et fanfaron attaché à forcer l'admiration d'un père que son image et son statut érigent en
modèle d'airain. Dans le conflit qui vient, Kipling
joue un rôle public considérable. Sa gloire, sa stature
emblématique le placent au premier rang de l'élan
guerrier qui jette l'Empire vers les tranchées de
France. Les rêves d'héroïsme individuel dont il se fait
l'écho montrent assez qu'il ne pressent rien de la terrible boucherie qui se prépare.

Au fil des lettres, apparaît une rivalité entre le père
et le fils, qui n'est nullement le fait de ce dernier.
Comme si Rudyard voulait être à la place de John,
comme s'il lui enviait cette vie « à laquelle on prend
goût » (lettre du 22 août). Le monstre sacré quin-
quagénaire ne ménage pas ses efforts pour garder
l'ascendant sur l'officier de dix-huit ans. La tournée
des positions à laquelle il se livre en tant que journaliste alors que John vient de prendre ses quartiers à
quelques kilomètres de la ligne de front, les exploits
automobiles qui en découlent, son récit enjoué des
bons tours que se jouent les vieux généraux des
camps adverses (lettre du 25 août), sa visite ratée à
Joffre, ses coquetteries d'homme célèbre (« Tous semblent me connaître… »), ses conseils absurdes en ma-
tière de protection des tranchées (le grillage à lapins)
que John balaye d'un revers de plume, comme il dou-
che l'enthousiasme paternel devant la qualité des
positions françaises (« On ne t'a laissé voir que des
tranchées-témoin… »), son inconsciente fatuité (« Informe ton commandant de ce que je t'ai écrit ») sont

autant d'indices d'un décalage pathétique, qui en dit long sur la cécité de la génération qui a voulu et mené ce conflit. Kipling, comme nombre de ses contemporains, n'a pas vu qu'on n'était plus au temps des glorieuses charges de Lanciers, que cette guerre serait sale, massive, anonyme.

Ce qui, bien sûr, ne retire rien aux trésors d'humour et de tendresse qu'il déploie pour tenir haut le pavillon de son combattant. La plume du maître est toujours aussi vive à brosser un tableau piquant, à esquisser un portrait en peu de mots. En face, on sent naître la peur et l'affolement, cachés derrière des anecdotes brutales (la truie et le sac de rations) ou des requêtes de plus en plus pressantes et enfantines pour des produits domestiques, savon à barbe, pantoufles, chocolat.

Dans sa dernière lettre, datée du 25 septembre 1915, John annonce avec une fierté puérile que son bataillon va prendre part à l'offensive décisive qui doit mettre fin aux hostilités. Il s'agit de la bataille de Loos, qui durera quelques jours, ne changera rien au cours de la guerre et coûtera la vie à vingt mille soldats anglais. Le 27, la division de John monte au feu. Cinq jours plus tard, un télégramme du War Office arrive à Bateman's. Le lieutenant John Kipling est porté disparu au combat. Son corps ne sera jamais retrouvé.

Sur la réaction immédiate de son père, la discrétion des Kipling étant ce qu'elle est, on ne dispose d'aucun document ni témoignage direct. Mais on peut noter que c'est à ce moment que Kipling ressentit sa première attaque sévère de gastrite, un mal qui devait le tourmenter jusqu'à la fin de ses jours. À une amie croisée à Londres quelques semaines plus tard, il lance : « À genoux, et remerciez le ciel de n'avoir pas de fils. »

Les dommages, les terribles ravages de cette tragédie personnelle, sont plus lisibles dans l'œuvre que dans la biographie. Lui qui, entre janvier et septembre 1915, a publié coup sur coup trois nouvelles que ses exégètes les plus indulgents qualifient de pure propagande, dont le terrible « *Mary Posgate* », où il adresse sa haine à un jeune pilote allemand blessé et garde sa compassion pour la femme qui refuse de le sauver, n'écrira plus jusqu'à la fin des hostilités qu'un texte de fiction, « *On the Gate* », où l'on voit saint Pierre, débordé, se faire aider de Calvin et d'Ignace de Loyola pour recevoir la multitude des tués qui se pressent à sa porte. Toute son énergie se tend vers la préparation et la rédaction d'une histoire du bataillon de John, *The Irish Guards in Wartime*, qu'il n'achèvera, dans la douleur, qu'en 1923.

Il s'impose, au titre de commissaire des sépultures de guerre, la tournée des cimetières militaires des Flandres, de Gallipoli, de Palestine, de Mésopotamie. Il fait face. La souffrance que laisse malgré tout filtrer son corset d'orgueil et de pudeur explose en brèves salves, dans le poème « *My Son Jack* » (« Avez-vous vu mon fils Jack ? / *Pas cette marée.* / Quand croyez-vous qu'il va rentrer ? / *Pas avec ce vent qui souffle, pas avec cette marée.* ») ou dans une de ses *Épitaphes de la Guerre* intitulée « La Prière commune » :

> « S'ils veulent savoir pourquoi nous avons péri
> Dites-leur : c'est parce que nos pères ont menti. »

Si loin de « Tu seras un homme, mon fils ». Dans le duel entre le vouloir du créateur et la réalité nue, le sort aura jusqu'au bout joué contre, nouant ses ironies aux objets les plus infimes, comme cette plaque d'identité que le soldat disparu réclame dans son avant-dernière lettre. L'Art a perdu. Une balle a fracassé l'œuvre.

JEAN-LUC FROMENTAL

Vie de Rudyard Kipling

30 décembre 1865. Joseph Rudyard Kipling naît à Bombay. Fils de John Lockwood Kipling, directeur du département de sculpture arcitecturale de l'école des Beaux-Arts, auteur de *Beast and Man in India,* et d'Alice, poète et écrivain.

1871-1877. Rudyard et sa sœur Alice (« Trix ») sont envoyés en Angleterre chez le capitaine Holloway. De ces années sans joie, évoquées dans *Baa Baa, Black Sheep,* il gardera toute sa vie un souvenir horrifié.

1878-1882. Études au collège Westward Ho! dans le Devon. Les récits de *Stalky et Cie* rendront compte de cette période.

1881. Parution en Inde de *Schoolboy Lyrics,* recueil de poèmes publié aux frais de la famille Kipling.

1882. Kipling revient en Inde et devient journaliste à la *Civil and Military Gazette* de Lahore.

1884. Parution d'*Echos by Two Writers,* nouvelles écrites avec sa sœur Trix.

1886. *Quartet by Four Anglo-Indian Writers,* recueil collectif de la famille Kipling.

1887. Kipling est muté à *The Pioneer*, un journal d'Allahad.

1888. Six recueils de nouvelles, dont *Simples Contes des collines*, et une pièce de théâtre paraissent en Inde la même année.

1889. Sur les conseils de ses parents, il retourne en Angleterre pour tenter d'y vivre de sa plume. Il visite au passage le Japon et les États-Unis.

1890. *La Lumière qui s'éteint*, son premier roman, publié à New York, et *La Cité de l'épouvantable nuit*, un recueil d'articles, font de lui l'un des auteurs les plus lus et les plus commentés d'Angleterre. Pour le *Times*, « il explore une veine nouvelle ». Henry James, Oscar Wilde, Jerome K. Jerome chantent ses louanges.

1891. Surmené, il décide de voyager : Afrique du Sud, Australie, Nouvelle-Zélande, Inde. Ce sera sa dernière visiste dans son pays natal.

1892. *Le Naulakha*, roman écrit en collaboration avec Wolcott Balestier, son agent américain, dont il épouse la sœur, Caroline. Il s'installe dans sa ville natale, Brattleboro, Vermont, États-Unis. Le 29 décembre, naissance de Josephine Kipling.

1894. *Le Livre de la jungle*, recueil d'histoires pour les enfants.

1895. *Le Second livre de la jungle*.

1896. Les Kipling rentrent en Angleterre et s'installent dans une maison de Torquay hantée par le *feng-shui*, un esprit familier. Le 2 février, naissance d'Elsie Kipling.

1897. Il écrit *Capitaines courageux*, inspiré par son médecin américain, pour fixer l'atmosphère d'une Amérique déjà en train de s'effacer. Naissance de John Kipling.

1899. *Stalky et Cie*, évoquant sa vie à Westward Ho !, déchaîne contre son travail un feu roulant de critiques l'enfermant dans des critères politiques et moraux auxquels il n'échappera plus jamais. Sa fille Josephine meurt lors d'une visite à sa famille américaine.

1900-1908. Les Kipling passent tous les ans les trois premiers mois de l'année en Afrique du Sud. Les libéraux critiquent son soutien à la campagne anglaise contre les Boers.

1901. *Kim*, roman.

1902. *Histoires comme ça (pour les petits enfants).* Installation dans la maison, à Burwash, dans le Sussex. La famille ne la quittera qu'à la mort de Rudyard. Elle est aujourd'hui un musée Kipling.

1907. Kipling reçoit le prix Nobel de littérature. Sept millions de ses livres sont vendus en Angleterre de son vivant, et huit millions aux États-Unis.

1910. Il écrit *Rewards et Fairies* pour « contrebalancer et sceller définitivement certains aspects de ma production " impérialiste " passée », explique-t-il dans son autobiographie.

1915. « *The New Army in Training* », « *France at War* », « *Fringes of the Fleet* », collections d'articles sur la guerre pour le *Daily Telegraph*. Son fils John est porté disparu au front. On ne retrouvera jamais son corps. De graves douleurs commencent à incommoder Rudyard Kipling. Il craint un cancer, on diagnostique une gastrite, et seulement en 1933 des ulcères au duodénum.

1916. Séries d'articles pour le *Times* et le *New York Times*.

1919-1920. Parution en France de deux recueils de poèmes, *Les Sept Mers* et *Les Cinq Nations*, chez l'éditeur Conard.

1923. *The Irish Guards in the Great War*, histoire en deux volumes du régiment de son fils John.

1924. Elsie, unique survivante de ses trois enfants, épouse le capitaine Bambridge.

1927. Kipling visite le Brésil.

1928. *A Book of Words*, recueil de discours prononcés entre 1906 et 1927.

1933. *Souvenirs de France,* croquis de voyage.

18 janvier 1936. Rudyard Kipling meurt. Il est enterré dans le Carré des poètes de l'abbaye de Westminster.

1937. Parution posthume de *Un peu de moi-même,* son autobiographie.

1939. Mort de Carrie, l'épouse de Kipling.

Repères bibliographiques

Ouvrages de Rudyard Kipling

- *Les Bâtisseurs de ponts*, Mille et une nuits, 1996.
- *Histoires comme ça*, Hachette-Jeunesse, collection Bibliothèque verte, 1995.
- *L'Histoire de Mowgli*, Deux Coqs d'or, 1995.
- *Le Livre de la jungle* et *Le Second Livre de la jungle*, Flammarion, GF, 1994.
- *Kim*, Gallimard, collection Folio, 1993.
- *Capitaines courageux*, Hachette-Jeunesse, Le Livre de poche, 1991.
- *Œuvres complètes*, Laffont, collection Bouquins, 3 volumes, 1989.
- *Œuvres*, Gallimard, collection La Pléiade, 2 volumes parus, 1988-1992.
- *Stalky et Cie*, Gallimard, collection Folio Junior, 1985.
- *Dans la cité des morts*, Bourgois, 1981.
- *Actions et réactions*, Gallimard, collection Folio, 1979.
- *L'Homme qui voulut être roi*, Gallimard, collection Folio, 1973.

Études sur Rudyard Kipling

- *The Strange Ride of Rudyard Kipling*, Angus Wilson (Pimlico).
- *Kipling Journal* – The Kipling Society (PO Box 68 Haslemere, Surrey GU27 2YR).

Mille et une nuits propose des chefs-d'œuvre pour le temps
d'une attente, d'un voyage, d'une insomnie…

Pour chaque titre, le texte intégral, une postface,
la vie de l'auteur et une bibliographie.

Achevé d'imprimer en octobre 2003 par Liberduplex (Espagne)
49-40-4429-04/7
N° d'édition : 40067